税理士試験

財表暗記攻略マニュアル

大原簿記学校講師・税理士
堀川 洋 [著]

切り離して使える **暗記カード** 付き

プロが教える 忘れないための暗記法

税務経理協会

まえがき

　財務諸表論は，税理士試験の受験生が最初に洗礼を受ける理論科目である。しかし，純粋な会計学の学習をしなければならないために，多くの受験生はその克服に大変に苦労している。現在の税理士試験の本試験を見る限り，その内容は大変に高度である。これに対応できるだけの会計知識を短時間で身につけなければならないことは，受験生には大変な負担である。

　巷には，このための受験対策用の理論の参考書が溢れている。しかし，その内容は，いわゆる受験参考書であり，理論の学習方法などに触れているものは，残念ながらほとんどない。

　これを反映するように，最近多くの受験生と接していると，財務諸表論における理論の学習方法が分からない，という声を耳にするようになった。その声の多くは，会計学は暗記すれば良いのか，それとも理解すべきなのかという基本的なものから，財務諸表論の学習量の多さもあり，本当に困惑しているというものまであった。

　そこで財務諸表論の理論の講義，そのテキストや参考書を有効に活用できるようなガイドブックを作成することができないかどうかをしばらく前から考えていた。いろいろ考えて，その内容も財務諸表論の理論の学習を始めたばかりの受験生が，その学習方法に悩んでいることに，ズバリ答えるようなものにしたいと思い原稿を書いたつもりである。

　後半には，参考になるように「暗記用カード」も収録されている，本編の内容を大いに参考にして，財務諸表論の理論学習の役に立ててほしい。

平成15年7月

税理士　堀川　洋

総目次

まえがき

第1章　財務諸表論の理論学習

1. **財務諸表論の受験状況** ………………………………………… 2
    1. 受験者数と合格率　2
    2. 出題範囲　3
    3. 出題は誰がしているのか　5
    4. 本試験の出題形式　6
2. **財務諸表論の理論問題の位置づけ** ……………………………… 11
    1. 会計学出題の理由　11
    2. 理論征服が合格のカギ　13
    3. 選択科目への登龍門　14
3. **会計学との遭遇** ………………………………………………… 17
    1. 会計学との出会い　17
    2. 最初の学習にあたり　19
4. **講義を受講して** ………………………………………………… 22
    1. 難易度の高い講義内容　22
    2. 重要項目の整理　23
    3. 講義中の注意事項　24
    4. 理論学習の基礎　28
5. **自宅学習の目安** ………………………………………………… 31
    1. 学習時間はどの程度　31

  2. 理論学習のステップ　32

  3. 復習テストを解くためには　33

 6. 暗記前の理解 ……………………………………… 37

  1. 暗記の前に理解をするのか？　37

  2. 理解度合が暗記に影響　38

  3. 暗記のための準備　39

 7. 期間別の学習方法 ………………………………… 40

  1. 入門期の理論学習　40

  2. 応用期の学習ポイント　42

  3. 直前期の応用理論　43

 8. 合格のための答案作成 …………………………… 49

  1. 採点者至上主義　49

  2. 出題の狙いは何か　52

  3. 内容の首尾一貫性　54

  4. 解答の分量に注意　55

  5. 解答上の指示について　58

第2章　理論暗記作戦

1. 理論暗記のノウハウ ……………………………… 62

  1. 暗記する時間帯　62

  2. 暗記の効果的方法　66

  3. 暗記する場所　69

  4. 暗記はマイペースで　70

2. 暗記の実践テクニック …………………………… 73

  1. 事前準備を万全に　73

  2. 暗記用ツールの製作　83

  3. 暗記理論の復元方法　97

第3章　理論暗記クリニック

1. **初心者の暗記のための治療薬** ……………………………………… 102
   1. 理論暗記のセオリーはあるのですか？　102
   2. 暗記の分量が多くて，やる気がしない　104
   3. 文章の暗記はどうやってするの　106
   4. なんで計算中心では駄目なの　108
   5. 暗記が思うように上手くできない　110
   6. 年齢のせいかどうも丸暗記が……　112
   7. 暗記に人の倍以上時間が掛かる　114
   8. 講義の直後に暗記をしているのですが　116
   9. 暗記してもすぐに忘れてしまう　118
2. **間違っている暗記方法の処方箋** ……………………………………… 120
   10. いくら読んでも憶えられない　120
   11. 企業会計原則など何度書いても憶えられません　122
   12. 講義で引くアンダーラインは何の目的　124
   13. 効果的な記憶定着の方法はありますか　126
   14. 関連づけた暗記がしたいのですが　128
   15. 暗記ツールに時間が掛かってしまい……　130
   16. 暗記に計画性がなくいつも一夜漬けに　132
   17. 休憩を入れずに暗記しているが，あまりはかどらない　134
3. **暗記に良く効く特効薬** ……………………………………………… 136
   18. みんないつ暗記しているんだろう　136
   19. 家に帰っても暗記はもちろん勉強のスペースがない　138
   20. 忘れた理論の暗記はどうやってフォローするの　140
   21. 暗記がどうしても深夜になってしまう　142
   22. 暗記ツールをいろいろ作ったのですが……　144

23. ゴロ合わせを考えても上手くいかない　146
24. 企業会計原則などマル暗記は苦手　148
25. キーワードを暗記しても文章は書けないのですが　150

付録　携帯用暗記カード（厳選　78テーマ）

第1章

財務諸表論の理論学習

 この章の狙い

　税理士試験の財務諸表論，とりわけ会計学を初めて学習するという者にとって，それは大変に不安なことです。ここでは，どのような出題がされるかということから，年間を通じての理論学習のポイントを説明します。また答案作成時の注意事項なども参考にして下さい。

1
財務諸表論の受験状況

1. 受験者数と合格率

　年末になると税理士試験の合格発表が行われ，これに伴い税理士試験の全11科目の受験者数と合格率などが発表される。税理士試験の科目別の合格率はおおむね10％前後とされている。ただ実際に，その合格率を見ると低いものは9％前後の科目もあるし，高いものは19％近い合格率の科目もあるようである。

会計科目の受験者数・合格率

科　目	内　訳	平成10年 （第48回）	平成11年 （第49回）	平成12年 （第50回）	平成13年 （第51回）	平成14年 （第52回）
簿記論	受験者数 合格者数 合格率	27,147 3,258 12.0％	27,258 2,642 9.7％	27,671 2,838 10.3％	26,150 3,025 11.6％	27,404 3,992 14.6％
財務 諸表論	受験者数 合格者数 合格率	19,829 2,398 12.1％	20,181 2,997 14.9％	19,067 3,167 16.6％	17,621 3,267 18.5％	17,578 3,058 17.4％

（参考）税法科目
　　　国税の選択科目である法人税は，上記5年間の受験者数は平均約8,400人，合格率は約10.8％。また間接税である消費税法は，平均約9,500人，その合格率は約11％である。

　とりわけ，財務諸表論だけを考えてみると，その合格率はここ数年を平均すると16％弱と極めて高いことが分かる。ちなみに，もうひとつの会計科目で

ある簿記論は11％強と5％近い差がある。しかし，これは合格率だけを考えた場合の単純な差であり，両科目の受験者数の差を見ると，おおよそ7,000人から10,000人の違いがある。言い換えれば合格率の差は，受験者のレベルの相違にあるものと考えられる。簿記論に多くの受験者が挑戦するが，実際に合格することは厳しく，簿記論に合格した者だけが財務諸表論に挑戦しているために，このような受験者数と合格率の差になっているものと思われる。

　財務諸表論の受験生の多くは，簿記論との2科目並願者である。つまり，会計科目であるこの2科目を同時に学習して，一括して会計科目の合格を狙っているわけである。単純に合格率だけを比較すると，財務諸表論における合格率が高いため簿記論より財務諸表論の方が容易に合格できるような印象を受ける。しかし，現実は，受験者数が約10,000人違うということが，受験者の質の違いを如実に示している。

　実際に，簿記論と財務諸表論の2科目を同時にスタートし，計算中心の学習をしている時期には感じないが，財務諸表論の理論の学習を始めれば，この科目の難易度の高さが，実感できる。この意味でも財務諸表論における理論問題の克服は重要性があるということである。

2. 出題範囲

　4月中旬に国税庁から公表される簿記論と財務諸表論の試験範囲は，次の通りであり，毎年同様である。

　財務諸表論の冒頭にある「会計原理」と示されているものが，いわゆる記述式の解答を前提にした会計学を出題することを示している。次の「企業会計原則」は，法律ではないが，旧大蔵省から昭和24年に告示されているもので，会計にあたっての規範とされているものである。これは記述式の問題としての出題にも，計算問題に関しても関連性を持つものである。これ以降の「商法中商業帳簿及び会社の計算に関する規定，……」は，若干理論問題とは関連があ

会計科目の出題範囲

月日	時間	科目	出題範囲
第1日目	9:00〜11:00	簿記論	複式簿記の原理，その記帳・計算及び帳簿組織，商業簿記のほか工業簿記を含む。ただし，原価計算を除く。
	12:30〜14:30	財務諸表論	会計原理，企業会計原則，商法中商業帳簿及び会社の計算に関する規定，商法施行規則中総則，財産の評価，貸借対照表等の記載方法等及び純資産額から控除すべき金額に関する規定（ただし，特定の事業を行う会社についての特例を除く。），財務諸表等の用語・様式及び作成方法に関する規則

るが，ほぼ計算に関する出題の指針となるものである。しかし，この試験範囲から考える限り，会計に関する内容であれば，どのような問題でも出題は可能である。

また，実際には，この範囲には示されていない「新会計基準」と呼ばれている「外貨建取引等会計処理基準」や「金融商品に係る会計基準」なども多く出題されている。いずれにしても，かなりの分野までさまざまな学習をして試験に臨まなければならないのは事実のようである。

財務諸表論と関係規則

理論問題	諸規則等	計算問題
☆☆☆☆☆	会計原理	
☆☆☆	企業会計原則	☆☆
☆☆	商法（商業帳簿等）	☆☆☆
	商法施行規則	☆☆☆☆☆
	財務諸表等規則	☆☆☆☆☆

3. 出題は誰がしているのか

　税理士試験の日程などが発表される1か月前に，その年の税理士試験の出題者※が告示される。現在は，11科目で21名の試験委員が出題と採点を担当している。告示されるこれら21名は，いずれの科目を担当するかは明らかにされていないが，専門分野や役所のポストなどで，ほぼ全員，誰がどの科目を担当するかは判断することができる。

　簿記論と財務諸表論だけは，受験者数を考慮して4名が試験委員を担当している。出題はともかく，その採点量は相当な分量であることが推定されるので4名で迅速に採点しているものと思われる。

科目別の試験委員数

簿記論	財表論	法人税	所得税	相続税	消費税	その他税法
4名	4名	各税法2名*				各税法1名*

＊税法科目
　法人税から消費税までは1名が税理士，もう1名が国税庁の担当部署の課長が担当している。
　その他の科目である固定資産税などは，国税庁，総務省の担当部署の長が担当している。

　財務諸表論の4名の試験委員は，2名が大学・大学院の会計学を専門に研究している教授が，もう2名は実際に税理士業務を行っている公認会計士，税理士が担当している。

　大学・大学院の教授である委員が，第1問，第2問のいわゆる記述式の理論問題の出題を行う。公認会計士，税理士の委員である2名は共同で第3問の計算問題を出題する。

　この財務諸表論の4名の試験委員は，事前にその年度に出題する項目の打合せを行うので，同じ内容が重複して出題されることはない。

※出題者のことを試験委員と呼ぶ。

出題担当者と配点

内 訳	配 点	出題形式	試 験 委 員
第1問	25点	記述問題	大学・大学院の教授1名
第2問	25点	〃	〃 　　　　　　1名
第3問	50点	計算問題	公認会計士・税理士2名

　第1問と第2問の記述式理論問題は，純粋に会計学という学問の分野からの出題である。これは税金や会計という分野のスペシャリストとして，受験生がその基本的な知識を持ち得るかどうかを試すためのものである。その意味では，税理士試験における財務諸表論中の理論問題は，受験生にとって最初の登龍門である。

　第3問の計算問題に関しては，税理士として実際に決算書を作成する際に，その知識が充分に備わっているかどうかを判定するための出題である。これらの理論と計算という出題者や配点を考えても，財務諸表論は税理士試験の必須科目であるということが充分に理解できる。

4. 本試験の出題形式

　第1問と第2問において出題される記述式の理論問題といっても，その出題形式はさまざまである。いくつかの語句の中から正しい項目を選択させるだけのものから，ある程度の分量である文章の記述を要求するものまである。

▶出題パターン◀
（1）　文章中の語句の推定
（2）　いくつかの語句からの選択
（3）　語句の定義
（4）　異なる考え方の対比とその説明
（5）　会計学的な理論的説明の要求

（1） 文章中の語句の推定

企業会計原則の注解といわれているものの中でも代表的な規定から，文章中の語句を推定させる問題である。

□ 問 題

文章中の空欄（①〜⑤）に当てはまる用語を解答欄に記入しなさい。

「将来の ① 又は損失であって，その発生が ② に起因し， ③ が高く，かつ，その金額を ④ ことができる場合には，当期の負担に属する金額を ⑤ 又は損失として引当金に繰入れ，当該引当金の残高を貸借対照表の負債の部又は資産の部に記載するものとする。」

（平成10年度　出題）

◇解答欄◇

① _____

② _____

③ _____

④ _____

⑤ _____

（2） いくつかの語句からの選択

新会計基準と呼ばれるものからの出題である。かなり詳細な知識を持っていなければ正解を選択することはできない。

┌─ □ 問　題 ─────────────────────────┐
「研究開発費等に係る会計基準」に関連して，以下の項目のうちから，「研究開発」に含まれない典型例を3つ選んで，その記号を答案用紙の所定の箇所に記入しなさい。

　ア　製品を量産化するための試作
　イ　従来の製品に比較して著しい違いを作り出す製造方法の具体化
　ウ　既存の製品，部品に係る従来と異なる使用方法の具体化
　エ　新しい知識の調査・探究の結果を受け，製品化又は業務化等を行うための活動
　オ　特許権や実用新案権の出願などの費用
　カ　商業生産化するために行うパイロットプラントの設計，建設等の計画
　キ　品質管理活動や完成品の製品検査に関する活動

(平成 14 年度　出題)
└──────────────────────────────┘

◇解答欄◇

（3）　語句の定義

　会計学の用語定義や企業会計原則の規定などをそのまま記述させる内容で，受験生にとっては比較的解答しやすい問題である。

┌─ □ 問　題 ─────────────────────────┐
　会計観が収益費用に重点をおく考え方から資産負債に重点をおく考え方に変化していますが，後者の考え方による場合，負債概念はどのような内容のものとして定義できますか。

(平成 13 年度　出題)
└──────────────────────────────┘

◇解答欄◇

（4） 異なる考え方の対比とその説明

　会計学において，ある会計事象についていくつかの解釈などがある場合に，それを対比させ，その理由（根拠）を説明させる出題である。会計学に関する高度な知識を持っていなければ解答することはできないため，受験生には難易度の高い問題である。

□ 問　題

　企業会計原則の「貸借対照表原則　五」では，「貸借対照表に記載する資産の価額は，原則として，当該資産の取得原価を基礎として計上しなければならない。」としています。これに関連して，次の各問に答えなさい。

　　　　　　　　　　　　　　⋮

2　ある償却性資産を無償で取得した場合，当該資産の評価に関して2つの見解がみられます。(1)それぞれの見解を簡潔に示し，かつ，(2)適正な期間損益計算の観点から，いずれの見解が採られるべきかを述べなさい。

（平成8年度　出題）

◇解答欄◇

（1）

（2）

（5） 会計学的な理論的説明の要求

　上記（4）と類似する出題である。会計学的な考え方を対比させるのではなく，単一の考え方を説明させるもので，比較的分量を多く解答させるものと，そうでないものがある。下記の例は，文章の量が比較的少ない問題であろう。

　また，解答欄も単に枠だけを用意してあるもの，また下記の例のように解答欄に点線が入っており，文字数などが指定されているものもある。

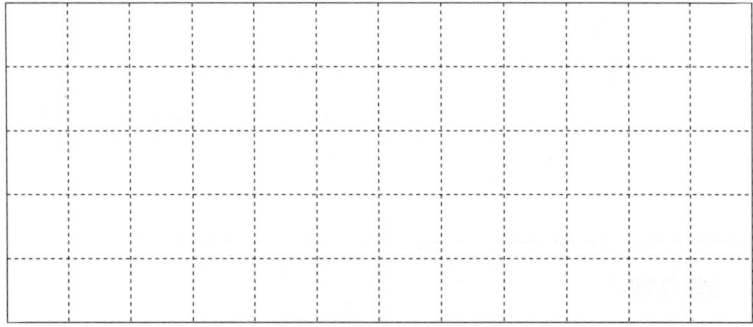

◇解答欄◇

2 財務諸表論の理論問題の位置づけ

1. 会計学出題の理由

　税理士試験は，全11科目中，簿記論を別にすれば，全ての科目に記述式解答を要求する理論問題と呼ばれるものが出題される。税法によっては理論問題と計算問題の配点割合が異なるものもあるが，その配点割合は基本的に50点ずつである。

各科目の配点一覧表

会計科目	区　分	簿記論	財表論
	第1問	25点	25点
	第2問	25点	25点
	第3問	50点	50点

国　　税	区　分	法人税	所得税	相続税	消費税	酒　税	国徴法
	理　論	50点	50点	50点	50点	65点	80点
	計　算	50点	50点	50点	50点	35点	20点

地　方　税	区　分	住民税	事業税	固定資産税
	理　論	50点	70点	50点
	計　算	50点	30点	50点

税法に関する科目の記述式の理論問題は，その科目の根拠となっている税法から出題される。たとえば，法人税は法人税法から，固定資産税であれば地方税法からそれぞれ問題が出題されている。しかし，財務諸表論の理論問題に関しては，その出題される法的な根拠は，商法などの法律が一部関係するだけで，明確な根拠になる法律はない。

　財務諸表論の理論問題の出題は，法的なものを根拠にするのではなく，会計学と呼ばれている学問の中から出題される。財務諸表論だけが，なぜこのように純粋な学問を出題するのであろうか。これは，経理，会計と呼ばれる領域は，古くから慣習で行われているものが多く，なぜそのような考え方や処理をするかについては，明確な根拠がない。たとえば，通常我われが決算で処理している減価償却費の仕訳も，問題の指示に従ってただやっているが，これに関してもなぜそのような手続が行われているのかは，会計学の学習をしなければ，その理由は明らかにならない。

▶減価償却の目的◀

　固定資産は，事業用であるかどうかにかかわらず，時の経過とともにその価値は減少する。それであればその価値減少分を費用・損失として計上しようとするものである。

現実的問題	会計的根拠
使用されることにより財産的価値は減少する	費用配分の原則による取得原価の期間配分

　経理・会計の多くは，現実的に行われている会計処理を，会計学として理論づけしようとしているものと思われる。その処理に法律的な背景を持たないだけに，その理論的根拠を明確にしておくことは，会計・税務に携わる者にとっては重要である。

2. 理論征服が合格のカギ

　会計学は，いうまでもないことであるが伝統ある学問である。これをたかだか1年間勉強して本試験に臨もうとするわけであるから，相当の努力を必要とすることは，いうまでもない。しかも出題する試験委員が，大学教授などその道の専門家ということになれば，それは並たいていのことではない。

　財務諸表論には，前述した通り100点満点のうち半分は，いわゆる決算書である損益計算書や貸借対照表を作成する計算問題が出題される。受験生は，この理論と計算に関する学習をその学習時期に合わせてバランス良く取り組む必要がある。

　学習初期の段階では，比較的計算に関する学習の方にウエイトが置かれる。これは，計算の方が取り組みやすいことも理由であるが，若干の計算的知識があった方が，会計学を理解しやすいことも大きな理由である。財務諸表論の計算問題は，個別項目の積み重ねということもあるが，結局は損益計算書と貸借対照表を作成することを中心としているために，長い学習期間のうち，比較的早い時期に仕上がってしまう。

財務諸表の学習ウエイト

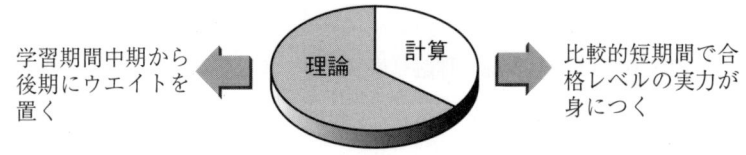

　上記のグラフでも示されている通り，理論の方に多くの学習時間を費やさなければならないということは，それだけ理論の方が難易度が高いことを示している。つまり，財務諸表論を征服するためには，計算問題の出来ではなく，理論問題の出来不出来の方が，合否に影響するということになる。

　実際に多くの受験生の声を聞いても，理論問題の方を得意にしている者は少

ない。計算問題でできるだけ得点を稼いで，あとは理論問題の方で善戦して，あわよくば合格点である60点を突破しようというのが受験生の本音である。

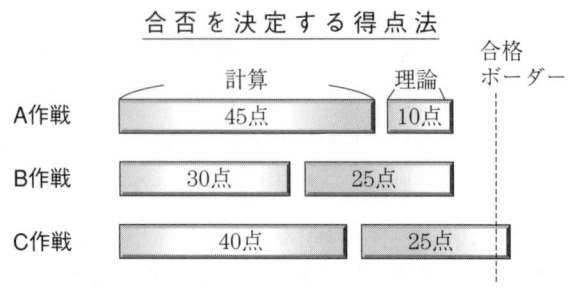

（注意）合理的な得点方法
　　　計算に関しては，苦手ではなく得意分野としておくことはもちろん，理論に関しても普段から充分に学習して，試験に臨んでほしい。理論は，どうしても得点が伸びないので，上記のC作戦のようなケースが合格の理想的なパターンである。

　財務諸表論に限らないが，計算問題は解いた後で正解との対比をすれば，その正誤が明確である。また採点してもその結果が数値として明確になるため，達成感や満足感を得ることは容易である。しかし理論問題に関しては，新しい問題に挑戦しても，その出題の趣旨や意図が何であるかを把握することができなければ，まったく手をつけることもできない。このため財務諸表論の学習者であれば誰にでも経験があるが，理論の問題を読んで，すぐに模範解答を見てしまうということがしばしば起こる。

　そのためにも，財務諸表論の理論に関する正しい学習方法や暗記方法，答案の作成方法などを学んでほしい。

3. 選択科目への登龍門

　税理士試験には，簿記論以外全て記述式の理論問題が出題される。財務諸表論だけは純粋な会計学が出題されるので，税法とは同じレベルで比較すること

はできないが，いずれも理解・暗記したものを答案用紙に記述するという作業は同じである。税理士試験は，この答案用紙に文章を書くということをできるようにしなければ，当然のことであるが，合格することはできない。

　財務諸表論は，その学習方法も税法とは異なる。しかし，記述式の答案用紙を作成するということを考えれば，少々乱暴かもしれないが，類似する点は多い。税法の学習を始める前に，財務諸表論の学習をすることは，このような意味では，税法学習の準備期間という考え方をすることもできる。どのようにすれば，現在の自分が，より効果的な理論科目の学習をすることができるのかを財務諸表論の学習を通じて身につけてほしい。

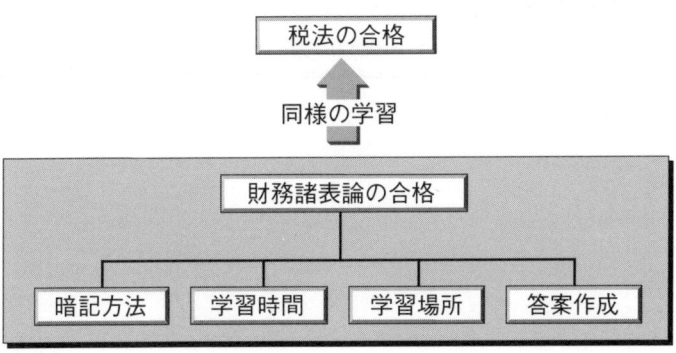

　税理士試験は，その内容が独特である。他の多くの国家試験にも同様な事情はあるであろうが，この試験は50年以上の歴史がある。また税理士は国の財政収入の基礎である国税の納付に関する業務の一環を担うわけであるから，その難易度も高くて当然である。このような試験に短期間で合格するためには，ただ猛烈な学習をするのではなく，どのような学習をすることが，自分には一番合っているのかを探りながら勉強することも短期間で合格するためには，重要である。

▶会得すべき事項◀

　財務諸表論を税法科目のための準備科目（登龍門）と考えるなら次のようなことを身につけると良い。

（1）　**暗記方法**……財務諸表論も暗記の要素は多いので，自分に一番効果のある暗記方法を身につける。

（2）　**学習時間**……限られた生活時間の中で，どの時間帯をどのように活用して学習をするのか，生活の中で学習のリズムのようなものを身につける。

（3）　**学習場所**……学習する場所，特に理論はどこでやるのかを習慣づけてしまう。

（4）　**答案作成**……与えられた問題に飛び付くのではなく，良く考えてから，理論問題に取り組む習慣を身につける。

③ 会計学との遭遇

1. 会計学との出会い

　財務諸表論の理論との出会いは，受験生によってさまざまである。すでに大学などで会計学の単位を取得している者，専門スクールの教室でテキストを渡されてゼロから会計学の学習を始めようとする者などいろいろな形態でその学習はスタートする。

　理論の学習をする前に，すでに簿記や財務諸表論の計算の学習などを通してある程度の専門用語の意味や，基本的な知識などは，身についている。

▶すでに知識のある項目◀

会計学を学習する前に，簿記などで次のような用語を使っています。

　（1）　負債性引当金
　（2）　満期保有目的債券の償却原価法
　（3）　費用配分の原則
　（4）　自己株式
　（5）　資本準備金
　（6）　先入先出法・後入先出法
　（7）　総額主義
　（8）　工事進行基準
　（9）　その他

残念ながら，いろいろな会計用語はある程度理解しているとしても，これは計算問題を解くための基礎となる程度のものであり，会計学を伴ったより深い知識ではない。そこで私達は，財務諸表論における会計学の中で，これら用語としてしか知らなかったことの背景にある，その本質までを学習することになるわけである。

　会計学は，立派な学問である。何十年も前から多くの専門家が学問として研究している。また，現在私達のまわりで発生している経済的な事象などを問題に取り上げながら進歩もしている。ただ我われが，税理士試験における財務諸表論の中で学習しようとしている会計学は，たいへんに基本的な領域を中心にしている。ただその範囲は，残念ながらけっして狭いものではない。

簿記と会計学の比較

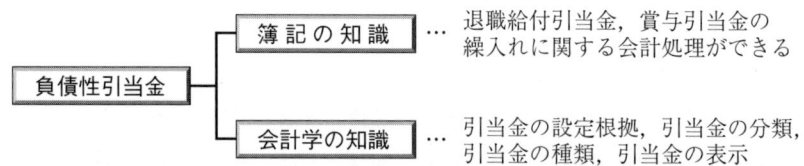

（注意）会計学としての広がり
　　　　負債性引当金を例とすれば，簿記学習に際して，その繰入れに関する処理や財務諸表における表示などについては学習している。
　　　　会計学では，これを理論的に，引当金とはどのようなものを示すのか，設置するための会計的根拠にはどのようなものが必要か，また負債性引当金を債務性の有無や費用性の有無などで分類したらどのようになるかについてその背景などを学習することになる。

　前述した通り，財務諸表論における会計学の学習が，会計学全領域からすれば限られたものであるのは事実である。しかし，そうはいっても実際に学習しなければならない範囲や分量は，相当あるのもまた事実である。特に最近は，新たに導入されることとなった新会計基準と呼ばれる新分野からもどんどん出題が行われている。

2. 最初の学習にあたり

　会計学として，まず最初に学習するのは「企業会計」に関する内容である。これに関してテキストを読んでも，専門スクールでの講義の説明もしごく当然のような印象を受ける。また，企業会計の領域がどこまで及ぶのか，その分類もある程度理解することができる。しかし，これらの内容はただ何となく分かったという程度ではなく，さらに理解を深めておく必要がある。結局は，理解していることを具体的に口頭，もしくは文章で表現できなければ，まったく理解していないのと同じことになってしまう。

```
▶ 確認事項 ◀
1. 会計の意義
2. 企業会計とは
3. 企業会計の領域を2つ示せ
4. 利得関係者を列挙せよ
         ⋮
```

　会計学を学習して，最初に戸惑うのが，理解していたと思っていたことが，実際に質問されてみると，キーワードしか出てこなかったり，3つのポイントのうち2つしか列挙できないような時である。これらは，何となく分かったような気持ちになっているだけで，その内容の暗記ができていないということが原因である。

　テキストであれ講義であれ，その内容はどんどん先に進んで行く。ある項目は理解できていると感じるが，実際に質問されると出てこないということが繰り返されると，どんどん未消化の分量が増えていくことになりかねない。こうなる前に各項目の内容を理解だけでなく，ある程度暗記して，その内容をアウトプットできる学習が必要である。この具体的な方法については，第2章で説明したい。

初心者が，会計学を学ぶにあたり，いくつか注意すべきことを説明したい。まず，会計学を初めて学習する者には，学習する項目の表面的な部分しか理解することはできないという点である。やはり学習であるから誰がどのような方法で学んだとしても，初心者には表面的な部分しか理解することができないのは，いたしかたないであろう。

　しかし，他の項目を学習すると以前学習した内容と繋がる箇所も出てくる。こうなれば，しめたもので，以前学習した部分を含めて，それだけ理解が一層深まったことになる。

> ○ **具体例** ○
>
> Step 1 **明瞭性の原則**
> 　　第1回目の学習では，意義と明瞭性の原則の必要性だけを学習した。
>
> Step 2 **財務諸表の表示原則**
> 　　第2回目に，明瞭性の原則について学習したのは，財務諸表の総額主義など明瞭な表示を要請する部分であり，その内容を理解した。
>
> Step 3 **会計方針等の開示**
> 　　第3回目に明瞭性の原則が，企業会計原則における注解において「会計方針」と「後発事象」の注記を要することを学習した。これにより明瞭性の内容は，完全に理解した。

　さまざまなテーマは，学習する時期はもちろん違うし，以前に学習した項目と突然関連性を持つようなことも起こる。これもあるひとつのテーマの学習を進めていく過程の中で，少しずつその内容を深めていくという学習のプロセスで生ずることである。

　また，学習する項目の中には，不充分な理解しかできない箇所も出てくる。このような項目は，現時点ではレベルが少し高い内容であると考えて，後日また関連する項目が出てきたところで再考すれば良い。

○ 具体例 ○

貸借対照表の作成方法（考え方）について，会計学では棚卸法と誘導法という2つがあるが，これらの相違について両者の違いが説明できるか。

〈ポイント〉
1. 静態論と動態論による違い
2. 実地棚卸法又は誘導法により作成される
3. 会計的な目的による相違

解　説

　損益計算である期間損益を学習する際，比較的早い時期に学習する内容である。テキスト，参考書などを見ても財産法，損益法という説明とともに両者を比較する図など比較的詳しい説明が行われている。

　学習初期では，漠然とアウトラインを把握するだけで充分であり，この先の学習で何度も触れることになるので，入門期ではこのままにしておいて良い。

　会計学のように学習分野の広い受験勉強をする場合には，初めから細部な箇所を少しずつ学習しているのでは，全体を把握するまでに多くの時間を必要とする。とにかく全体をできるだけ短時間で把握して，さらに重要な範囲は繰り返し何度も学習した方が効果的である。その意味でも若干理解が不充分であると思われている分野も，あまりこだわりを持たずに先に進んだ方が良い。

4 講義を受講して

1. 難易度の高い講義内容

　専門スクールや通信教育など，財務諸表論における会計学の講義を受講して感じることは，その難易度の高さにあると思われる。会計学そのものは，学問であるからしばらくは，担当講師の説明を一方的に聴くことしかできない。しかも，その内容が多少なりとも理解できれば良いのであるが，実際は分かったようで，良く分からないというのが本音である。

```
━━▶入門段階での学習項目◀━━
  1. 企業会計の意義，領域
  2. 貸借対照表と損益計算書の関係
  3. 会計公準論
  4. 資本主理論と企業体理論
  5. 静態論と動態論
  6. 現金，発生主義会計の意義
             ⋮
```

　上記は会計学の入門段階で，誰もが学習する内容である。会計学の中では，とても基礎的な分野である。実際に試験問題となり得るものもあるし，単なる基礎知識として知っていれば良いものもある。
　講義の中では，その説明している内容の全てが重要というわけではない。会

計学をゼロから学習するためには,どうしても触れなければならない項目もある。たとえば,上記の初期学習項目の「3. 会計公準論」の3項目(企業実体の公準,継続企業の公準,貨幣的評価の公準)や「4. 資本主理論と企業体理論」などは,知識として知っていれば良い内容であるが,逆に「5. 静態論と動態論」や,「6. 現金,発生主義会計の意義」は重要であり,以後も繰り返し学習する内容である。

ただ,知識として必要であるという内容であっても,その名称や分類項目などは知っている必要があるので,内容までは深く理解する必要はないが,会計学の常識として身につけておく必要がある。

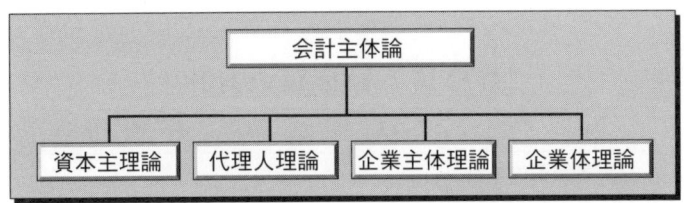

2. 重要項目の整理

最近は,専門スクールのテキスト,一般書店で販売されている会計学の書籍などでも図や表がふんだんに用いられている。会計学も,ただ文章として学習しているとなかなか分かりにくいが,図にしたり一覧表にしたものは,比較的分かりやすい。ただ税理士試験の財務諸表論の解答方法が記述式であるから,文章としてのアウトプットを前提に,その学習をしなければならない。しかし,その理解の過程として図や一覧表によりその内容を把握することは一向に差し支えない。もちろん,最終的には文章にする練習もしなければならないが,文章を書く前にまず自分でノートなどに,自分なりの図表や一覧表を作ってみるのも学習の過程として良い方法であろう。

静態論と動態論

内容	静態論	動態論
貸借対照表の本質	財産状態表示	見越項目等の残高表
同上　作成の基礎	実地棚卸（財産目録）	会計記録（会計帳簿）
資産の評価基準	時価評価	取得原価
損益計算の方法	財産法	損益法

　後述する理論の暗記に際しても，初期段階では文章としてではなく表の中身をマスターするような方法も，比較的容易に理論の学習をスタートする方法であろう。

静態論と動態論の対比

内容	静態論	動態論
貸借対照表の本質		
同上　作成の基礎		
資産の評価基準		
損益計算の方法		

3. 講義中の注意事項

　会計学に関する講義は，簿記論や財務諸表論における計算に関する講義とは，その様子が大きく異なる。もちろん計算と理論に関する学習であるから，講義の様子は異なって当然である。しかし，学習している内容もさることながら，計算に関する講義は練習問題に取り組むような時間があるのに対して，会計学は担当講師の一方的な説明に終始してしまう。これは，何度も繰り返しているが，会計学という純粋な学問を学んでいるため，いたしかたないことである。
　しかも最近は，いずれの専門スクールでも財務諸表論の理論テキストは立派

であり，その内容も分かりやすく作られている。このため，その講義はどうしても，テキストを中心にした口頭による説明になりがちである。講義の中でもテキスト等へのメモや重要な文章へのアンダーラインの指示などが行われるので，説明もさることながらこのメモやアンダーラインの処理などに気を取られてしまい，その本質を見過ごしてしまいがちである。

　講義では，常に講師の説明に集中して，どこが重要なポイントであるかを適切に把握しなければならない。受講生の中には，講義内容よりも，アンダーラインが引かれている箇所の方に重要性があると勘違いしている方もいるようである。

　たしかに，アンダーラインや重要語句は重要であるが，これは会計学において本質的に重要な意味を持っているからであり，これらの本質を良く考えてほしい。

　次のページに，会計学の比較的早い時期に学習する「正規の簿記の原則」に関するテキストを想定したものを示してある。

　講義の中で担当講師から，アンダーラインやメモ書きの指示があったはずであるから，これについて講義終了後に，その内容を復習してみることにする。

Ⅱ 正規の簿記の原則
1 意　義
　企業会計原則の一般原則の2番目に「正規の簿記の原則」として<u>企業会計は，すべての取引につき，正規の簿記の原則に従って，正確な会計帳簿を作成しなければならない。</u>と規定している。（完全暗記）

　この原則は一定の要件に従って<u>正確な会計帳簿を作成すること</u>①，また，この会計帳簿を基礎にして<u>誘導的に財務諸表を作成すること</u>②を要請していると考えることができる。　①②⇒2つの要請事項

2 正確な会計帳簿の作成
　「一定の要件」のもとに作成される会計帳簿は，複式簿記の原則に従って，下記の条件を備えたものであることとされている。

（会計帳簿）

(1) 会計記録の網羅性
　　企業で発生した取引は，それが記録対象であれば正しく記帳し，記帳漏れや，虚偽の記帳をしてはならない。このように網羅的に記録された帳簿から会計報告がなされる。
　　（全ての取引）

(2) 記録の検証可能性
　　会計記録は，納品証や領収証などの検証可能な資料に基づいて行われなければならない。これにより取引の客観性が保証される。
　　　　　　　　　　　　　　　　　　金額の客観性

(3) 記録の秩序性
　　会計記録（会計帳簿）は複式簿記の体系のもとに，一定の秩序だったものであり，各帳簿相互間に関連性を持ったものでなければならない。　　　　主要簿，補助簿など

3 商法会計との関係
　商法では，第32～33条において会計帳簿及び貸借対照表の作成について次の規定が設けられており，正確な会計帳簿を作成すべきこととされている。

▷こんなことを示しているのでは◁

　　═══線(2本線)部分……これは,企業会計原則の2番目の「正規の簿記の原則」そのままであり,このまま完璧に暗記しなさいという指示である。

　　～～線(波　線)部分……これは,理論を記述する際の重要なキーワード(key word)であることを示しており,できるだけそのままの表現ができるように暗記すべきことを指示している。

```
┌─────────────────────────┐
│ ・正確な会計帳簿              │
│ ・誘導的に財務諸表を作成する    │
│ ・網羅的に記録された帳簿        │
│ ・取引の客観性の保証           │
│              ︙              │
└─────────────────────────┘
```

　　┆┈┈┆枠(点線枠)部分……3つの条件を必要とするもので,正規の簿記が備えるべき要件を示している。セットでタイトルをそのまま暗記する必要がある。

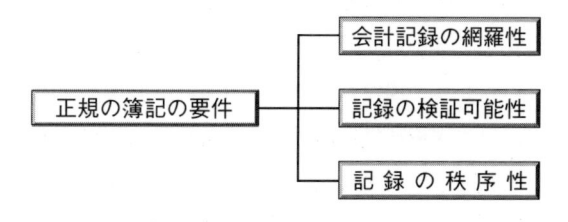

```
                    ┌─ 会計記録の網羅性
  ┌──────────┐    │
  │正規の簿記の要件├────┼─ 記録の検証可能性
  └──────────┘    │
                    └─ 記録の秩序性
```

第1章　財務諸表論の理論学習

4. 理論学習の基礎

　専門スクールなどで聴講した講義内容は，どんなに素晴しい内容であっても，残念ながらそれは，一方的に与えられたものである。この段階で講義内容が理解できており，ある程度の記述ができるということは，まずないはずである。

　また，講義内でアンダーラインを引いたり，メモ書きをしたテキストを何度も読んだとしても，実際にその内容を記述することはできない。ここでは，やはり理解と暗記をミックスした会計学独特の学習をしなければならないことになる。初学者は，このテキストの読み込みだけで，翌講義のミニテストなどの対処をと考えがちだが，実際には大変に危険な学習方法であると思われる。

（１） 基本は暗記からスタート

　講義やテキストで，ある程度の内容が理解できたら，まず企業会計原則（前頁の＝＝線）や重要キーワードなどは暗記しなければならない。これは解答の形式が文章としての記述を要求しているので，それに対処するためと考えてほしい。もっと他の方式の解答であれば，また別の方法による学習も考えられるが，記述式解答では暗記は必要最低限の手段である。

　受験生が，まず最初に，本格的に暗記をしなければならないのが，企業会計

理解と暗記のサイクル

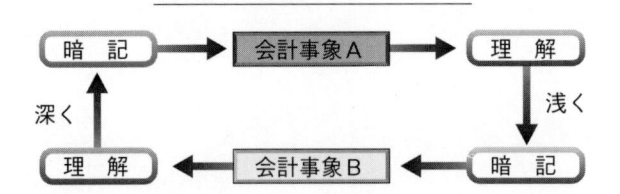

　暗記 → 会計事象A → 理解
　　↑深く　　　　　　　浅く↓
　理解 ← 会計事象B ← 暗記

（注意）サイクルの関係
　　　　会計学として学習する項目は，相互に関連性を持ったものも多い。たとえば，まず発生主義を学習し，これに関する理解，暗記をした後に，期間損益計算思考として発生主義を学ぶことにより，相互に連鎖した知識が身につくことになる。

原則であると思われる。初学者にとっては大きな負担に感じるが，実際に暗記を開始すれば，文章を文節などで区切りながら少しずつ頭に入れることは，それほど大変なことではない。この具体的な暗記方法などについては，次の第2章で説明したい。

（2） 小設問の解答方法

専門スクールなどでは，講義ごとに前回の授業内容を完全にマスターしているかどうか点検するために，確認テストなどがしばしば実施される。簡単な設問形式によるものが多いが，やはり本当にその内容が理解されていなければ完璧な解答をすることはできない。

評　価	第7回　財務諸表論確認テスト
Ａ Ｂ Ｃ	氏名

問題　実現主義に関して下記の設問に答えなさい。

　設問1　実現主義の定義を述べなさい。

　　[解答欄]

　設問2　実現の時点はいつ認められるか述べなさい。

　　[解答欄]

　設問3　実現主義の収益認識に関する問題点（限界）について説明しなさい。

　　[解答欄]

💡 **解答のヒント**

　おそらく全てがテキストに説明されていることだと思う。テキストを見れば，完璧な解答ができる。しかし実際には理解だけしていても，この確認テストの解答はできない。

　設問1に関しては，定義の完全な暗記を前提にした出題であり，設問2は重点キーワードを使っての表現であろう。また，設問3は実現主義の収益形成過程での問題点をあげさせる，いわゆる考えさせる形式の問題である。

おそらく講義の中でもこの「確認テスト」の暗記すべき文章や重要箇所の指示は明確に出されていると思われる。そのような部分は指示に従って読んでいるだけではなく，積極的に暗記をするように心掛けなければならない。

　また，考えさせる部分や他との対比などをさせたい部分，また他との関連づけをさせたいような部分なども講義の中では出てくる。このような内容は，重要なキーワードだけ，あるいは何を問題点として把握すれば良いのかを理解すれば良い。

　テキストの内容全てではなく，暗記すべき部分，理解を優先すべき部分などを講義中の説明で良く聴いてほしい。

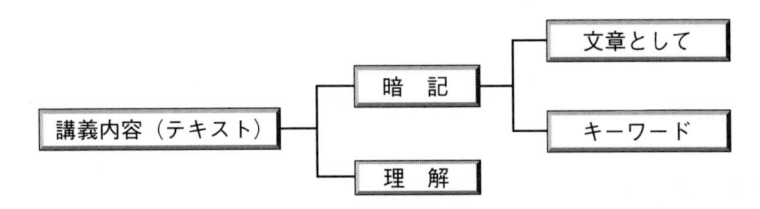

```
                              ┌─ 文章として
                   ┌─ 暗 記 ──┤
講義内容（テキスト）─┤          └─ キーワード
                   └─ 理 解
```

5 自宅学習の目安

1. 学習時間はどの程度

　財務諸表論のいわゆる理論部分である会計学について，専門スクールで講義を受講した後で，どの程度の復習時間が必要であろうか。専門スクールは一般的に1回当たり120～180分程度の講義を行うが，その内容の全てが会計理論の説明ではない。復習テストが実施されたり，計算に関する演習が入ったり，もちろん休憩も入るので，会計理論の説明は実質60～90分程度のものと思われる。ここで理論用テキストの各単元の項目の説明が行われることになるのであるが，その内容は前述した通りかなり専門的なものである。しかし，理解させることを前提に，暗記箇所や重要部分の指示など，かなり強弱をつけて説明がされていると思われる。

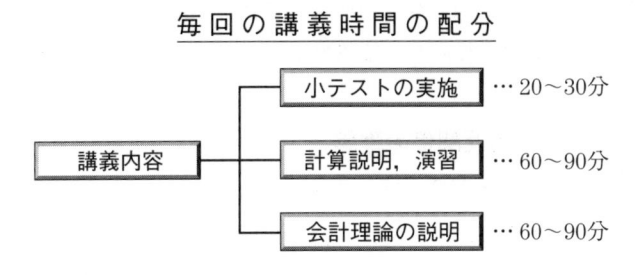

毎回の講義時間の配分

講義内容		
小テストの実施	…	20～30分
計算説明，演習	…	60～90分
会計理論の説明	…	60～90分

　私達が一番興味があるのは，この会計理論の復習とりわけ暗記などのためにどれだけの時間が必要であるかということである。会計理論の復習時間の多く

が，理解することより，暗記のための時間と考えれば，その時間数には個人差があるので一概に何時間程度と説明することはできない。また，暗記は必ずしも机に向かってする作業ではないので，これも明確な時間を示すことは難しい。

ただ，できるだけポイントを押さえつつ，講義の中で指示のあった箇所を適切に理解し，暗記することに，それほど多くの時間を必要とするとは思われない。この時，理論学習の大変に辛いところは，計算問題の演習のように明確な解答が出ないところであり，その達成度合（完成度合）が実感できない部分に，受験生の悩みがある。

2. 理論学習のステップ

財務諸表論の理論を学習するためには，一定のステップがあると考えられる。講義内での暗記箇所をただむやみに暗記するのではなく次のような方法でその学習を進めてほしい。

> **ステップ1　講義テキスト等の振り返り**
> 　講義の受講が完了したら，まず，テキストを見返し，担当講師がどのようなことを説明したか，アンダーラインやメモ書きを見ながら点検を行う。
> 　特に講義内で強調された箇所はどこか，宿題の指示が出たのはどこかなど，講義終了後直ちに確認する。
>
> **ステップ2　相互関係の理論**
> 　ある程度の学習が進めば，今回学習した内容は，すでに過去において学習をしたある部分と関係を持っているということがことが良くある。このような時には，これら相互の関係なども対比して把握しておく方が望ましい。

たとえば，動態論の学習をした後で，期間損益計算における収支，損益計算の期間的な問題から発生する未解決項目と貸借対照表の関係などのように相互に関連を持つものは多い。

ステップ3　用語の意味を理解

新しい範囲で出てきた会計用語やキーワードは，その意味を良く理解しておかなければならない。日本語としてニュアンスで何となく分かっているのではなく，会計という領域での意味を理解しておくこと。たとえば，貨幣性資産と費用性資産の異同など，両者の区別を明確にしておくことは重要である。

ステップ4　暗記の開始

上記のステップ3までで暗記の準備はほぼ完了したはずである。特にステップ2～3は，いわゆる理解のための学習作業であると思われる。

講義の中で指示の出ている完全な暗記を必要とする部分，またキーワードなどとして暗記が必要なもの，それぞれを区別して，何度も繰り返しながら暗記を進めること。

3. 復習テストを解くためには

自宅での理論の学習（暗記）がある程度完了すれば，次はこれを実際に復習テストなどで答案にする作業が待っている。この答案を作成するという作業は，頭の中に入っている知識を答案に書き写すことである。ここで，自分の知識が本物であるかどうかが試されることになる。

（1） メモ書きとして

　まず自分で，頭の中に入っているものをある程度まとまった形で出てくるかどうかメモ用紙などに書き出してみる。

　この時に注意してほしいことが2点ある。まずひとつは会計諸則たとえば，企業会計原則のようなものは，正確性が一番であるため，規定されている文章が忠実に記述できるかどうかである。また，いまひとつは，キーワードで暗記しているものは，暗記したこれらのキーワードを用いて，正しい文章を書くことができるかどうかである。

解答（記述）内容の相違

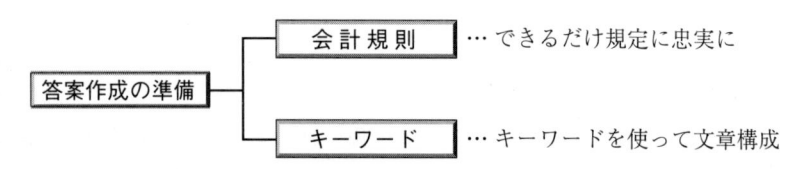

　答案作成の準備 ─┬─ 会計規則　…できるだけ規定に忠実に
　　　　　　　　　└─ キーワード　…キーワードを使って文章構成

（注意）会計規則とキーワードの違い
　　　　一方は企業会計原則など明文化された規定があるのに対し，キーワードを暗記している方は，会計理論の記述をするので両者は必然的に解答（記述）内容に違いがある。

　キーワードを用いて記述を行う方は，特に模範解答となるものはない。一番模範解答に近いものは，専門スクールで使用している理論用のテキストであろう。もちろん最初から立派な文章を書くことができなくて当然である。最初は箇条書きを無理矢理繋げたような文章かもしれないが，何度か記述をしていくうちに，少しずつ会計学らしい文章が書けるようになるので，努力してほしい。もちろん，10回書けば10回ともその記述内容は違ってかまわない。しかし，基本となるキーワードだけは必ず用いるようにしてほしい。

（メモ用紙）

○棚卸資産の消費原価の算定○

1. 原 則

　　　払出単価×払出数量＝消費原価

2. 払出数量の計算

　(1) 継続記録法

　　商品有高帳により受入数量・払出数量をその都度記録。

　　問題点→棚卸減耗は把握できない。

　(2) 棚卸計算法

　　棚卸資産の期末有高を実地棚卸により把握する。これを期首と仕入高から控除して消費数量を求める。

　　問題点→正規の払出数量以外のもの（棚卸減耗）も消費数量に混入される。

3. 払出単価の決定

　(1) 個別法

　　払出した棚卸資産の個々の原価を用いる。

　(2) 先入先出法

　　最も古くから保有しているものから順次払出しが行われたとする。

　(3) 後入先出法

　　最も新しく取得されたものから払出しが行われたとする。

　(4) 総平均法

　　　期首有高と当期受入金額の総額を期首数量と当期受入数量の合計数量で除して払出単価を決定する。

　(5) 移動平均法

　　　単価の異なる棚卸資産を受け入れる都度、残高金額と受入金額の合計金額を残高数量と受入数量の合計数量で除して、払出単価を決定する。

（注意）上記ほどの詳細な記述（メモ）は、必要ない。自分で分かる程度の簡単なもので良い。ただメモであっても必ずテキストなどと照合して、その内容に不備がないかどうかは確認しておくこと。

（2） 最後は，清書してみる

　できれば，最後にはきちんとした用紙にボールペンなどで本格的な答案作成をしてみること。やはり前述のメモ用紙への箇条書きとは異なり，正しい文章を書くので，知識もきちんと整理されていなければ，質の高い答案を作成することはできない。

評　価	第12回　財務諸表論確認テスト	
Ａ Ｂ Ｃ		氏名

問題1．正規の減価償却について説明しなさい。

　減価償却とは，費用配分の原則に基づいて，有形固定資産の取得原価をその耐用期間における各事業年度に配分する手続である。
　適正な期間損益計算を行うために，減価償却は一般に認められた所定の方法により，計画的，規則的に実施されなければならず，このような方法に基づいて行われる減価償却を「正規の減価償却」という。

問題2．固定資産の減価原因を述べなさい。

6 暗記前の理解

1. 暗記の前に理解をするのか？

物ごとには何でも順序というものがある。財務諸表論の理論学習にも正しい順序というものがある。基本的には，講義で説明された内容やテキストに記述されている項目が，答案用紙の上で記述できれば良いわけである。しかしこれは結論であって実際には，いくつかのステップを踏まなければならない。

```
┌──────┐   即記述    ┌──────┐
│講義内容│ ─────────→ │答案用紙│
│テキスト│   不可能    └──────┘
└──────┘
```

まず答案を作成する前に，講義内容やテキストに記載されている内容を自分なりに理解する必要がある。この理解に関しては，講義内容を思い出したり，テキストを読み直したりすることにより可能である。しかしこれにより直ちに答案用紙にその内容を記述することは不可能である。もし，一部記述ができたとしても，それは完璧なものではない。

```
┌──────┐      ┌────┐ 記述  ┌──────┐
│講義内容│ ───→ │理 解│┈┈┈→│答案用紙│
│テキスト│      └────┘   ?   └──────┘
└──────┘
```

実際に講義内容やテキストに記載されている内容を答案用紙の上に記述するためには，理解の後に若干であれ暗記という作業が必要である。

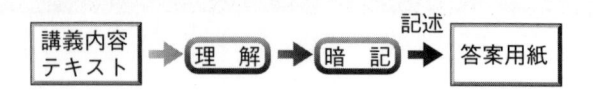

```
                                    記述
講義内容 → 理解 → 暗記 → 答案用紙
テキスト
```

　しかし，これでもまだまだ完全な答案の作成はできないと思われる。さらに質の高い答案を作成するためには，理解と暗記を何度も繰り返すことにより，質の高い答案ができあがるはずである。

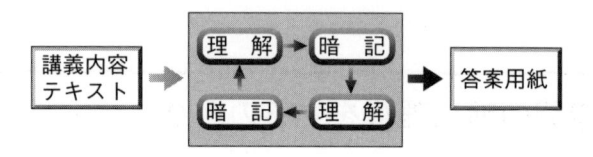

```
            ┌ 理解 → 暗記 ┐
講義内容 →  │  ↑    ↓   │ → 答案用紙
テキスト    └ 暗記 ← 理解 ┘
```

　この理解したものを暗記し，暗記したものをもう一度理解するためにテキスト等による復習は重要である。またこれにより，その学習効果はもっと上がるものと思われる。

2. 理解度合が暗記に影響

　人間は，意味の理解できていないものを暗記することほど，辛いものはない。意味のない数字や文字の羅列などは，暗記するには大変に苦労する。しかし，これが取引先の電話番号であったり，営業担当者の氏名であれば，容易に憶えてしまうことができる。

　財務諸表論も理解の科目であると良くいわれるが，初学者にはやはり暗記しなければならないものがたくさんある。理解の前に暗記ありきというのも事実である。しかし，暗記を急ぐあまり講義内容やテキストの理解をおろそかにすることは大変に危険である。やはり，どのような項目も納得ができるまで学習してから，必要な部分を暗記すべきである。

　暗記は，理解した知識を前提にする。したがって，深い理解をしていればしているほど，理論暗記に要する時間は，短くて良いはずである。またその暗記

度合も深いはずである。

3. 暗記のための準備

　暗記のための事前準備として，理解が大変に重要な意味を持っていることは説明した。今度は，暗記すべきものには，どのようなものがあるか，その内容を簡単に紹介したい。

パターン別暗記項目

種　　類	具　体　的　内　容
マル暗記	解答作成にあたり，規定としてそのまま記述が行われるべきものである。これらは，できるだけ正確な暗記が要求される。 （1）　企業会計原則，同注解 （2）　連続意見書，第三〜五 （3）　商法中，会社の計算
キーワード等	解答作成に際しての，会計の専門用語，キーワード，特別な言い回しなどで，解答文章の中に正確に使用されるべきものである。これは，キーワード等をストレートに暗記する。 ・利害関係者 ・保守的な会計処理 ・公正な評価額　etc
体系的暗記	ある規定の根拠となるものや，ある規定の具体的な事例で，その項目の順序や項目の数などを正しく暗記しなければならない。 （例）貸借対照表の表示原則…5項目 　　1．総額主義の原則 　　2．貸借対照表の注記 　　3．区分表示の原則 　　4．項目の配列 　　5．科目の分類

第1章　財務諸表論の理論学習

7 期間別の学習方法

財務諸表論の学習は，長くて1年程度，短い場合は半年程度である。これだけの期間に効果的な学習を行い，会計学に関する知識を身につけなければならない。理論学習に関して，この期間を大きく3つに区分して，それぞれの期間の学習のポイントについて説明したい。

入門期	応用期	直前期
(2～4か月*)	(3～4か月*)	(3～4か月*)

（注意）期間の長さ
　　　　学習の開始時期によりそれぞれ異なるので，早い時期であれば比較的にゆっくりと，学習開始時期が遅ければ，その学習期間は短いと考えてほしい。

1. 入門期の理論学習

財務諸表論の受験学習は，計算と理論を同じ時期に開始することはしない。一般的に計算に関する学習を優先して開始し，少し遅れて理論の学習を開始するのが普通である。これは理論学習に際して計算に関する要素を含んだものを数多く学ぶためである。

すでに説明しているが，初学者が初めて会計学の学習を経験するとその内容は極めて難解であり，理解することはほとんど困難である。このため，どうしても受験生は，計算学習の方に逃避しがちである。財務諸表論の合否は理論の

得点により決まるわけであるから，理論の学習にも真面目に取り組むべきである。

この時期の専門スクールの理論学習のカリキュラムは，その多くが会計学の基本理念など極めて抽象的な内容が多い。これは入門者に，会計学の基礎知識を指導をしなければならないため，いたしかたないことである。講義を受けても次から次と新しい項目が出てきて，その内容は何となく分かるような気がするが，本当に理解できているという気持にはなかなかなれない。この時期は，次に掲げる点に注意しながら会計学の奥へ少しずつ進んでほしい。

▶入門期の学習ポイント◀

1. **会計学に絶対に苦手意識を持たないこと**
   どうしても初めて触れる学問であり，誰でも苦手意識を持ってしまいがちであるが，難しいと思って学習を進めないこと。

2. **暗記すべき項目はどんどん暗記**
   この時期から，企業会計原則など，完全に暗記をする項目はたくさんあるので，毎日ノルマを決めて少しずつ，何行かずつでも暗記をすること。

3. **キーワードなどの整理**
   短いセンテンスや会計の専門用語などをできるだけ正確に使いながら，自分なりの説明ができるか練習すること。

4. **他項目との関連を明確に**
   今日，学習した内容や会計用語が，かつて学習した内容と重複しているような時には，相互の関係を明確にして，知識としてしっかり吸収しておくこと。これにより会計知識の幅が広がることになる。

5. **暗記イコール会計学と心得る**
   この入門期は，少々理解できたと思ったらとにかく何でも暗記するぐらいの気持が必要である。暗記したことは書くことはしなくても口頭で，簡単に説明できる程度までは，仕上げてほしい。

2. 応用期の学習ポイント

　入門期の2～4か月間の理論学習を積み重ねることにより，諸規定や用語の暗記が比較的進んでいるはずである。また，これらの内容の相互の関係もかなり理解できていると思われる。

――▶例◀――
　当初は固定資産の減価償却として学んだことが，さまざまな領域に広がっていくことになる。

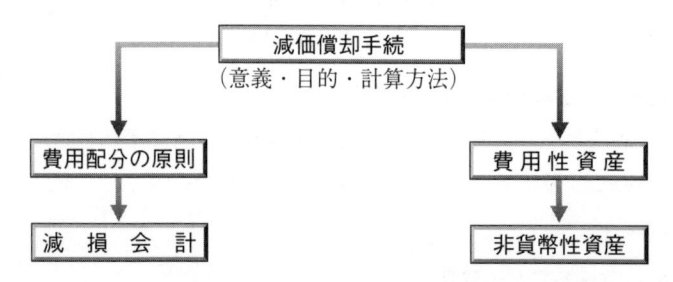

```
           ┌──────────────┐
           │  減価償却手続  │
           │(意義・目的・計算方法)│
           └──────────────┘
          ↓                    ↓
   ┌──────────┐         ┌──────────┐
   │費用配分の原則│         │ 費用性資産 │
   └──────────┘         └──────────┘
          ↓                    ↓
   ┌──────────┐         ┌──────────┐
   │ 減 損 会 計 │         │非貨幣性資産│
   └──────────┘         └──────────┘
```

　この時期は，自分で比較的長い文章を答案用紙に記述する練習をする時期である。入門期における諸規定の暗記などである程度の知識は吸収されていると思う。今度は，これを自分の手で実際に書く練習をしなければならない。この時期に，出題される問題のパターンは，2つ考えられる。ひとつは，諸規定や会計学の内容をそのままストレートに記述させる問題，いまひとつは，あるテーマに添った関連項目などの説明を要求する，考えさせる問題である。

――▶出題パターンの例◀――
▷1. ストレートな出題ケース
　問1　社債発行差金（割引発行）の意義と会計的な性格，またその償却について説明しなさい。

> 問2. 継続性の原則で例外として認められる「正当な理由」について説明しなさい。
> 問3. 金融商品会計基準における債権の貸借対照表価額を説明しなさい。
>
> ▷2. 考えなければならない出題ケース
> 問1. 商品の評価は，取得原価によることを原則とするが，これ以外の評価基準も認められている。会計上，その評価基準が認められている理由を説明せよ。
> 問2. 長期請負工事の収益計上基準に，発生主義により計上する方法がある。この方法について実現主義側からの批判を試みなさい。
> 問3. 減耗性資産に適用される費用配分の方法と有形固定資産の費用配分方法である生産高比例法についてその異同点を述べなさい。

「ストレートな問題」に関しては暗記している内容を落ちついてまとめれば良いが，「考えなければならない問題」は，どのような項目をどの程度解答すればいいのかを良く検討し，メモ用紙などにタイトル，簡単な解答内容などをまとめるなど，十分な準備をしてから，解答用紙に記述をした方が良い。この応用期の学習は，まさにこのような理論を創作する，あるいは組み立てる練習をする時期であると思う。もちろん，暗記しなければならない事項もまだ多いと思う。基礎期からの引き続きの暗記作業も進めてほしい。

3. 直前期の応用理論

ゴールデンウィークが終わる頃からいよいよ，最後の追い込みの時期に入ることになる。試験委員も発表になり，専門スクールなどでもこの試験委員の対策準備が完了して，いよいよ講義の中で，その特徴なども紹介されることにな

る。

　この時期の理論学習の大きな特徴は，従来から学習しているオーソドックスな会計学の総仕上げをすることを中心としながら，試験委員の特徴ある会計理論を学ばなければならないという，2本立ての学習をしなければならない点である。

直前期理論学習の特徴

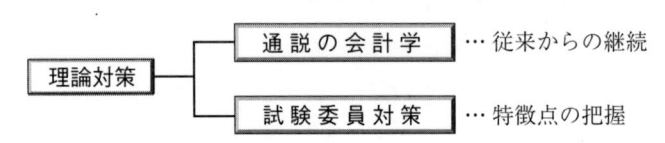

理論対策 ─┬─ 通説の会計学 …従来からの継続
　　　　　└─ 試験委員対策 …特徴点の把握

　（注意）通説の会計学は，入門期から学習している会計学であり，この直前期には，かなり特殊な分野に関しての学習をしなければならない。また近年会計基準の改訂が行われている新分野などの学習も行われる。
　　　　　また試験委員対策は，入門期から学習している通説としての会計学と試験委員の見解が異なっている点や，試験委員が特に力を入れて研究している分野などを改めて学習する。

（1）　通説の学習

　ここまでの時期に，会計学に関する分野は，おおむねその内容が完了しているはずである。ただ，実際にこれらの全てについて答案作成ができるのかといえば，それにはこれから若干の時間を必要とする。

　また，入門期から講義が続いているが，理論学習やその暗記が順調に進んでいないという受験生も多いはずである。いろいろな意味で，この最後の3か月間は，まさに仕上げのための完成時期だと思う。

　この時期に専門スクールで取り上げられる項目は，かなり高度な内容のものが多い。特に近年では新会計基準と呼ばれているものに関する知識をこの時期に吸収しなければならない。

> ▶学習項目の例◀
> 1. 税効果会計
> 2. 複合金融商品
> 3. 退職給付会計
> 4. 連結財務諸表
> 5. キャッシュフロー計算書
> 6. その他

　また，このような新会計基準に関する学習にも着手するかたわらで，今まで学習してきた一般的，オーソドックスな会計学に関する仕上げにも取り組まなければならない。この学習に関しては，ここまでの間に諸規定やキーワード等の暗記，またこれらを用いての理論の組み立てについて練習している。これに関しては今まで通りのことを反復して練習してほしい。ただ，学習時間を充分に取れないようであれば，問題に対する骨子だけを組み立てる練習だけで，全体を文章にすることは省略してもかまわない。

> □練習問題
> 会計上の引当金と商法上の引当金の相違点に関して説明しなさい。

[骨　子]

1. 会計上の引当金
    （1）　企業会計原則・注解18
    （2）　計上目的 ― 適正な期間損益計算
    （3）　具体例と分類
        ①　評価性引当金
        ②　負債性引当金……債務性の有無で分類
2. 商法上の引当金
    （1）　相違する引当金
        ①　評価性引当金（貸倒引当金）……取立不能見込額

　　　　② 債務性引当金（退職給付引当金等）……確定債務
　　　　③ 非債務性引当金（修繕引当金等）……商法上の引当金
　（3）　会計上の引当金と取扱いが異なる理由
　（4）　貸借対照表への表示方法

　上記のような，会計学上ごく基本的な問題であれば，本当に骨子が漏れなく列挙できたかどうか，タイトルまで詳細に入れてその内容を示したが，自分の中で完全にマスターできているのであれば，タイトルの番号（1）①，（2）などだけを列挙するだけでも良いと思う。

　また，この時期に実施されている答案練習会や，受験雑誌などで初めて対面する問題については，今度は何を解答すべきであるか出題者の意図を踏まえて，その解答の骨子を組み立てる練習をしてほしい。

□ 練習問題

　有形固定資産（償却資産）を無償で取得できた場合に，この取得原価の決定方法には2つの考え方が存在する。これら2つの考え方をそれぞれ説明し，期間損益計算の立場からどちらに妥当性があるか述べなさい。

骨　子

1. 取得原価の決定方法
　　（1）　ゼロとする考え方……対価がないため
　　（2）　公正な時価とする考え方……収益獲得活動に貢献
2. 妥当性
　公正な時価とする考え方に妥当性がある。
　　（理　由）
　　　① 現実に固定資産の増加が発生……貸借対照表完全性の原則
　　　② 償却資産……取得原価の費用配分（減価償却）の必要性

（2）　試験委員対策
　財務諸表論の試験委員は，全部で4名，このうちの2名が，それぞれ第1問

と第2問の理論問題各25点を出題している。いずれも大学・大学院の教授であり，会計学が専門分野である。

この試験委員4名は，その年度に出題する問題の内容について，その概略の打合せを行う。ここでは当然のことであるが，出題内容が重複しないように話し合いが行われる。特に，第1問と第2問の理論問題が，いずれをテーマにして出題されるのか調整されるはずである。それぞれの出題が，各試験委員の興味がある分野や会計学の通説として一般的な分野などから決まるものと推定される。

理論担当の2名の試験委員は，会計学を専攻しているので，会計学関係の著書を出版している。また，近年研究している分野の論文なども専門誌に発表している。会計学の専門家であるから，その研究分野は，最先端の内容である。当然，私達受験関係者には，これらは大変に興味のある内容である。しかし，実際に税理士試験という国家試験の財務諸表論を考えると，その研究テーマが試験問題となり得るかどうかは，はなはだ疑問がある。

▶著書，論文紹介の例◀
- 企業パラダイムと情報システム論
- 予測会計財務情報論
- 今後の電子開示システムに関して
- 企業ディスクロージャーとしての会計

過去における諸先生方の税理士試験における出題を検討しても，その多くは極めてオーソドックスである。つまり受験生としては特別に試験委員の専門分野や研究分野に関しての対策は必要ないということである。

ただ，著書の中でも大学の講義やゼミなどでテキストとして用いている書籍，専らこれは大学生用のものであるから入門用ということになるが，これに関してはどのような内容が書かれているかなどは調べてみる価値はあるかもしれない。ただこれも専門スクールに通学しているような場合は，スクールの講師が，これらの著書を徹底的に分析して，その特徴を明確にしたものを講義の中で説

明するので，受験生はこれだけを把握すれば良いものと思う。ただこれも実際の本試験の出題を見ると，本当に会計学の中心部分からストレートに出題されていることも多く，あまり試験委員対策として大げさな学習をする必要はない。

本試験に出題される問題を見れば，第1問と第2問の出題がいずれの試験委員が担当したかは容易に想像がつく。場合によっては，その特徴が現れた分野からの出題であることもある。こんな時には，会計学としての通説を解答するのか，それとも試験委員の見解を書くべきか悩むところである。このような時には，自分で詳しく書ける内容を書くべきである。試験委員の見解と同じ内容でも，それほど詳しく書くことができない時は，通説を書いた方が無難であろう。これは詳しく解答することが高得点につながるからである。

（3） 計算と理論の学習バランス

財務諸表論の学習期間を入門期，応用期，直前期の3つに区分し，それぞれの期間における計算と理論の学習時間のバランスの目安を紹介したい。

入門期は計算中心，応用期はやや理論学習の方が多く，直前期は計算力が落ちない程度に理論学習を中心にすべきである。また，入門期よりも応用期，直前期の棒グラフの方が長くなっているが，これは勉強の絶対時間が増加していると考えてほしい。

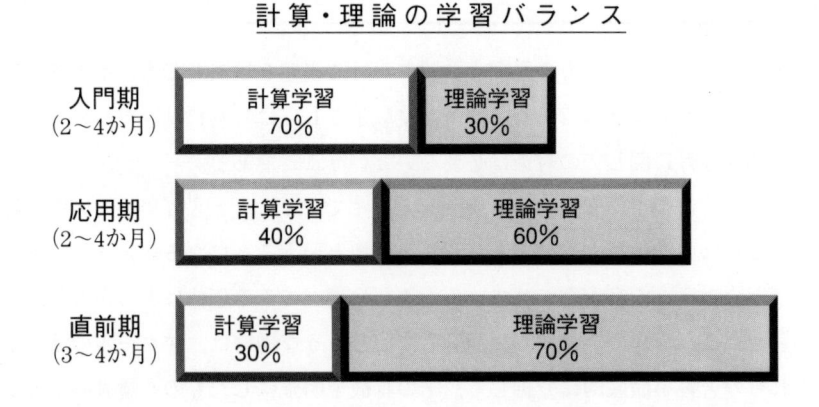

計算・理論の学習バランス

期間	計算学習	理論学習
入門期（2～4か月）	70%	30%
応用期（2～4か月）	40%	60%
直前期（3～4か月）	30%	70%

8 合格のための答案作成

1. 採点者至上主義

　財務諸表論は，毎年17,000人程度の受験生が挑戦する大規模な国家試験である。これを4人の試験委員が出題し，採点するわけであるからその作業には膨大な時間を要する。

　特に第1問と第2問の問題は，記述式の解答を要求しているため，答案1枚1枚を全て読まなければならない作業が必要である。出題する試験委員が，大学・大学院の教授であり，定期試験で大学生の答案を読み慣れているとはいえ，税理士試験の答案の数とは比べものにならない。

　税理士試験の受験生のレベルはさまざまである。実際の合格者が3,000人強と考えれば，ボーダーライン前後で約5,000名程度の受験生の答案が，採点に値する答案の枚数であろう。このように考えれば，この採点に値する内容が記述されている答案になるような解答を作成しなければならない。このためには，何を注意すべきであろうか。

(1) 採点して頂けるような答案

　専門スクールの答案練習会とは異なり，本試験は真剣勝負の場である。まず採点者に採点して頂くという気持を持って良い答案を作成することが大事である。一部空白だったり乱雑な答案などはもってのほかである。とにかく丁寧な文字で，一見して「これはできていそうな答案だ」と思わせるようなものに仕

上げること。

（2） 読みやすい答案を

　タイトルのナンバーリングや段落などは思いきって，はっきり付ける。できるだけ短いセンテンスにまとめて，句読点（,）などを多く入れるなどの工夫をすること。だらだらと長い文章が書いてある印象を受ける答案は，初めから良い印象を受けないので十分に注意すること。

（3） 誤字・脱字・用語ミスなどに注意

　採点者は会計のプロである。記述する答案の内容が，良いものであっても文章の中途で誤字などがあれば大きな減点の対象になる。普段から使い慣れている用語はともかく，本試験だからと気張って使った用語などに誤りが発生しがちである。良く注意しながら答案を作成すること。

▶ 例 ◀

誤		正
明僚性の原則	→	明瞭性の原則
目的積立金取壊	→	目的積立金取崩
満期保有目的債権	→	満期保有目的債券
営業循還基準	→	営業循環基準
収獲基準	→	収穫基準
破産更正債権	→	破産更生債権
付属明細書	→	附属明細書

（4） ミスは丁寧に直す

　計算問題も含めて，もし解答を誤ってしまい，これを訂正する場合には，2本線で抹消してから正解を書くなど，誤ったことを謙虚に現わす訂正方法を示すこと。これも前述した採点して頂くという気持の現われである。

▶例◀

> 偶
> 純損益項目は，臨時的あるいは偶発的な損益であり，経常……

（注意）訂正の場所

マス目式の解答用紙であったり，解答欄のスペースがあまりない時には，解答欄の外の訂正箇所の近くで，正しい文字等が記入してあれば良い。とにかく「誤りを訂正いたしました」ということが示されていることが大事である。

問題　損益計算書の構造には，2つの考え方があるが，それぞれの内容を示しなさい。

1. 損益計算書の2つの考え方について　〔見出しをはっきり付ける〕

　　損益計算書には，当期業績主義による考え方を基礎にするものと包括主義による考え方によるものの2つがある。

2. <u>当期業績主義について</u>　〔見出しを目立つようにアンダーラインを付けた〕

　(1) 意義　〔文字の出だし位置〕

　　　当期業績主義による損益計算書は，当期における正常な営業活動による利益を求めようとするものである。このために正常な営業活動に基づく毎期反復的に発生する費用・収益によって当期の利益が計算される。

　(2) 欠陥　→業績　〔2本線で訂正〕

　　　当期業績主義による損益計算書では，当期の業績を示すことはできるが，前期損益修正項目や臨時損益などが計上されることはできない。このため当期の分配可能な利益を把握することはできない。

3. 包括主義について

　(1) 意義　〔2本線で訂正〕　分配

　　　包括主義による損益計算書では，当期における配当可能利益

> を表示することを目的にする。このため正常な営業活動により毎期反復的に発生する費用・収益はもちろん、前期損益修正項目や臨時損益もその全てを含んで損益計算書が作成される。
>
> (2) 欠陥
>
> 　当期業績主義の損益計算書とは逆に、包括主義損益計算書は、当期の分配可能利益を示すことはできるが、当期の業績を示すことはできない。

（後で追加して欄外に）

2. 出題の狙いは何か

　理論問題には、さまざまな出題のパターンが考えられる。いずれも出題者がある意図を持って作問したものであり、特別な解答を意識して問題が作られている。受験生は、この出題者が意図している解答を正確に見据えて答案を作成しなければならない。

□設　問

　棚卸資産の評価基準について低価基準を採用すると、期間損益計算を前提にした場合に、問題点が存在する。これについて説明しなさい。

○出題者の趣旨
1. 棚卸資産の時価下落による損失が、販売時ではなく決算で計上されることによる収益、費用の不対応
2. 棚卸資産の評価切下げによる期間利益の歪曲

　出題形式によっては、記述させる前に、どのような規定（取扱い）かを明確に示す設問を用意してあるものもある。このような形式の問題では、この最初

の設問の解答が間違っている場合には、その後の設問の採点はされないことも十分に考えられる。

> ### □ 設 問
>
> 企業会計原則の一般原則の中に「企業会計はその処理の原則及び手続を毎期継続して適用し、みだりにこれを変更してはならない。」としている。これについて下記の各設問に答えなさい。
> **設問1.** この「原則」は一般的に何と呼ばれていますか。
> **設問2.** この「原則」の前提を会計事実とかかわらせて説明し、その前提が必要な理由を述べなさい。
> **設問3.** 会計処理を変更する理由で正当性のあるものを列挙し簡単に説明しなさい。

○ 出題者の趣旨

設問1　一般原則　五「継続性の原則」

設問2
① 前　提……特定の会計事象に二以上の処理、手続が存在する。
② 理　由……特定の会計事象にいくつかの処理が存在するのに、さまざまな企業の業種・業態に画一的処理を強制すれば、企業の実体が正しく反映されない。

設問3　正当性のある変更理由
① 企業の経営組織の変更等
② 経済事情が激変
③ 関係法規等の改廃

また、類似する項目、関連する項目、あるいは正反対な項目を対比させた問題も考えられる。このような場合には両者を同等に論じさせたいのか、あるいはいずれか一方にウエイトを置いたものを要求しているのか、または一方を否定させたいのか、このような出題者の狙いのようなものも読み取る必要がある。

> □ 設 問
> 問1. 偶発債務と引当金の関係について，保証債務を例にあげて具体的に述べなさい。
> 問2. 現行の発生主義会計の長所について，現金主義会計と対比しながら述べなさい。

○ 出題者の趣旨

問1 保証債務は未確定の債務であり，債務性を有している引当金とは根本的に異なる。ただし保証債務でも一定の要件を満たせば引当金（利益留保性）として計上することも認められる。

問2 現在の取引は信用取引が多く，棚卸資産や有形固定資産も多く保有しているので，発生主義会計により適切な期間損益計算ができる。残念ながら現金主義会計には，その正確性を求めることはできない。

3. 内容の首尾一貫性

　財務諸表論の理論問題，とりわけ比較的大きな論点についてある程度の分量の解答が要求されている場合，記述する解答の中にその考え方の会計的根拠，歴史的背景，これらが現在どのように変化しているかなどを順序だてて説明しなければならない。

　このような形式で出題される問題では，ある結論にたどり着くまでにきちんとした順序で，その理由を説明しなければならない。事前に結論を良く考えて，メモ用紙などにきちんとした下書などをして首尾一貫性のある解答を書けるように心掛けてほしい。

> □ 設 問
> 割賦販売の収益認識基準について説明しなさい。

○解答のポイント

「販売基準」「回収基準」「回収期限到来基準」の3つをどのような関係で説明するかが最大のポイントである。

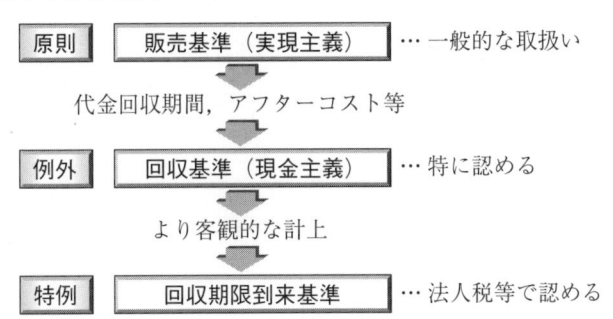

```
┌──────┐  ┌──────────────────┐
│ 原則 │  │ 販売基準（実現主義）│ … 一般的な取扱い
└──────┘  └──────────────────┘
                    ↓
          代金回収期間，アフターコスト等
                    ↓
┌──────┐  ┌──────────────────┐
│ 例外 │  │ 回収基準（現金主義）│ … 特に認める
└──────┘  └──────────────────┘
                    ↓
              より客観的な計上
                    ↓
┌──────┐  ┌──────────────────┐
│ 特例 │  │ 回収期限到来基準    │ … 法人税等で認める
└──────┘  └──────────────────┘
```

何となく書けるような気持で答案を作成すると，前段で説明していたことと異なることを後段で説明したり，逆に本来触れてはいけないものに説明が及んでいることがある。必要なものだけをストレートに説明するように理論の組み立てを考えること。

また，問題の趣旨が良く理解できない場合でも，解答用紙に何も書かないわけにはいかない。何らかの解答をしなければならないが，解答欄の全てに曖昧な記述をすることも許されない。このような時には，正解と思われることだけを簡素にまとめて書いておく方が，採点者には印象が良い。ただ，ある程度の実力のある受験生が，その問題を読み，その題意が理解できないということは，他の多くの受験生も同じような状況にあるわけである。自分だけ不利な状況にいるわけではないので，落ちついて次の問題の解答に取り組むこと。

4. 解答の分量に注意

最近の財務諸表論の出題形式を見る限り，問題に長い解答文を要求しているものは少ないようであり，1~4行程度の解答欄にポイントだけを記述させる形式になっている。

―□ 設　問―――――――――――――――――――――
　問1　会計観が費用収益に重点をおく考え方から資産負債に重点をおく考え方に変化していますが，後者の考え方による場合，負債概念はどのような内容のものとして定義できますか。

（平成13年度　出題）

　　　┌─────────────────────────┐
　　　│　　　　　　　　　　　　　　　　　　　　　　　　　　│
　　　└─────────────────────────┘

　問2　予約販売のときの販売価額は，しばしば，同じ商品の現金販売価額より低く設定されています。
　（1）　その理由を簡単に述べなさい。

（平成10年度　出題）

　　　┌─────────────────────────┐
　　　│　　　　　　　　　　　　　　　　　　　　　　　　　　│
　　　└─────────────────────────┘

　また，マス目形式の解答用紙に1文字1文字を記入させる形式の場合には，解答する文字数が制限されている。このような場合には解答欄が多少残る程度で理論構成をしなければならない。

―□ 設　問―――――――――――――――――――――
　棚卸資産の原価配分について，次の問に答えなさい。
　（1）　原価配分の方法は，単一ではなく，複数ありますが，その理由を述べなさい。
　（2）　後入先出法の長所及び短所を述べなさい。

（平成13年度　出題）

◇解答欄◇

（2）

長所								

短所								

　このような時は，いわゆる原稿用紙と同じ形式で，解答を作成する。出だしは1マス空けたり，（カッコ）書，句読点などは1文字分だけマス目を取るなどに注意すること。またマス目いっぱいに大きな文字を書くのではなく，マス目の $\frac{1}{2}$ ～ $\frac{2}{3}$ 程度の大きさの文字で解答をすること。この程度の大きさで解答しておけば，マス目の中での訂正も可能である。

　マス目形式の答案用紙だけではなく，枠内に自由に解答できる形式の解答用紙でも，解答はスペース最大に書く必要はない。問題によっては解答用紙の60～80％程度の分量で充分の場合もある。解答の量が足りないと感じ，追加で記

述した部分が減点の対象にもなりかねないので，その分量にも注意すること．

5. 解答上の指示について

　記述式の解答を要求する問題の中にも，解答の文字数以外にも特別な指示が出されているものがある．

□ 設 問

1. 解答に当たっては，各自の作成した文章中に「**財務諸表の有用性**」及び「**損益計算の同質性**」の**各用語をそれぞれ1回だけ使用してく**ださい．用語の使用順序は自由ですが，**当該用語に下線を付して**使用箇所を明示してください．

（平成8年度　出題）

2. 下に示す語群の中から，最も**適切な用語を4つ選**び，それらの用語を関連づけて1つの脈絡ある文章を作成しなさい．

   (1) 新株引受権　　(2) 自己株式　　(3) 新株引受権付社債
   (4) 利益準備金　　(5) 従業員持株会への譲渡　　(6) 流動資産
   (7) 区分法　　(8) 資本の欠損　　(9) 配当制限
   (10) 授権資本制度

   なお，解答に当たっては，答案用紙の所定の箇所に指定された字数の範囲内で記入し，かつ，選んだ用語が各自の作成した文章中で明示されるように，それぞれ1回だけ**下記の（例）にならって囲って**ください．用語の配列の順序は自由です．
   （例）　資産の取得原価は，資産の類種に応じた 費用配分の原則 によって，……

（平成9年度　出題）
---

3. 財務諸表の注記事項について，次の問に答えなさい。
（1） 下のア～エの注記事項は，異なる2つのグループに分類できます。今AとBの2つのグループに分類するとした場合，それぞれの注記事項について，A又はBの記号を解答欄の所定の箇所に記入しなさい。ただし，アはAのグループに属するものとします。
　　ア　受取手形の裏書譲渡高
　　イ　工事進行基準
　　ウ　主要な取引先の倒産
　　エ　発行済株式1株当たり当期純利益
（2） 上のAとBのグループは，その性格がどのように異なりますか。2つのグループの開示の課題に着目して，両者の相違点を述べなさい。

(平成12年度　出題)

　いずれの出題も，採点を容易にするためのものであることは明白である。アンダーラインや枠をつけることなど，その指示に従って解答を進めること。

((第2章))

理論暗記作戦

　　　　　　　　　　　　この章の狙い

　この章では，財務諸表論の暗記をするに際して，実際にどのようにすれば合理的に理論が憶えられるかを説明します。いわば理論暗記の実践的なノウハウ編です。

1 理論暗記のノウハウ

　財務諸表論は，会計学に関する学習をするわけであるから本来であれば理解を前提にしている。しかし，記述式の解答の準備を極めて短期間でしなければならないということから，必然的にある程度の理論を暗記しなければならないことになる。

　この暗記のためには，事前準備として理解が重要な意味を持つことは前章で説明した。この章では，実践的に財務諸表論の暗記というものは，どのような方法により行われるべきかを具体的に説明したい。

　難易度が高いと考えられている税理士試験の財務諸表論の理論は，「いつ」「どこで」「どんな方法」で暗記すればいいのであろうか。

1. 暗記する時間帯

（1）深夜暗記の落し穴

　受験生は，その環境により，生活時間はさまざまであろう。大学生とサラリーマンの方ではその生活がまったく異なるし，同じ仕事をしていても，いわゆるOLと男性の営業職のような方では，その生活環境は大きく異なる。税理士試験は，このようにいろいろな条件の方が年1回の試験を目標にして学習しているので，どのような時間に受験勉強をしているのかということは，正確にお話しできない事情がある。

　財務諸表論の暗記は，高校や大学の定期試験のように一夜漬けでできるもの

ではない。暗記する量も膨大であり，暗記していなければならない期間も，長いものは1年近くある。当然すぐ憶えてすぐ忘れてしまうような暗記では，税理士試験では役に立たない。

　高校，大学時代の一夜漬けというと，暗記は深夜にやった記憶があると思う。これは学生であり，試験前日の夜にその対策をして，試験が終われば，その場で忘れてしまうことが許されたからできたことである。税理士試験も同じイメージで「企業会計原則」などを深夜に暗記しようと考えることは大変に危険である。これは，私達が暗記しようとしている内容が，すぐに忘れても良いという内容のものではないこと，また，深夜の暗記というのは集中できているような気持にはなるが，脳細胞への記憶としての定着が弱いためである。

財務諸表論の暗記

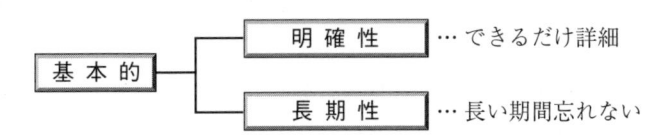

基本的 ─┬─ 明確性 …できるだけ詳細
　　　　└─ 長期性 …長い期間忘れない

（注意）記憶の定着性
　　　財務諸表論の暗記事項は，最終的に自分の手を通じて答案用紙への記述が行われるために，できるだけ明確に暗記をする必要がある。また暗記したことは，長い期間憶えていなければならない。

（2） 短い時間の最大活用

　また，税理士試験の受験生の多くは，学生生活や会社勤務のかたわらに受験勉強をしているのが実情である。勉強時間がないのはもちろんであるが，いったいいつ理論の暗記をする時間があるかを考えなければならない。

　そもそも理論暗記は，机に向かってやるべき作業であろうか？　ここに大きなヒントがあると思う。理論の暗記というものは，短い時間を上手く使って少しずつ行えばいいことに気がついてほしい。通勤・通学の移動時間や昼間のちょっとした空き時間などを上手に使って暗記をすべきである。

理論暗記時間の具体例

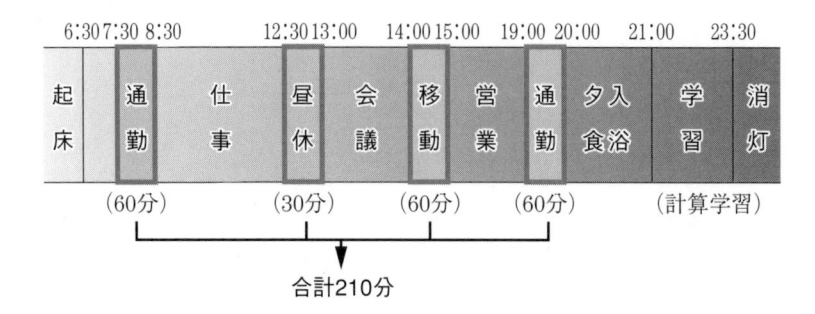

6:30 7:30 8:30		12:30 13:00	14:00 15:00	19:00 20:00	21:00	23:30
起床	通勤	仕事	昼休 会議	移動 営業	通勤	夕食 入浴	学習	消灯

（60分）　　（30分）　（60分）　（60分）　　　（計算学習）

合計210分

本来人間の脳細胞が一番活発に働いているのは昼間の10時〜17時頃である。しかし，残念ながらこの時間帯に税理士試験の受験勉強ができるという方はほんの一部であり，多くの受験生は大学の授業やら仕事に追われている1日のうちでも一番忙しい時間である。

　ここでは，朝夕の通勤時間や昼休みの後半，また営業の移動時間などをできるだけ利用して理論の暗記を進めてほしい。満員電車の中で暗記用のカードなどを出すことは，いささか気が引けるかもしれない。しかし，税理士試験に合格するためには，財務諸表論のあとに，さらに税法が3科目も控えている。財務諸表論の暗記で，自分なりの暗記パターンのようなものを完成させておけば税法の理論暗記も大変にスムーズに取り組むことができる。

　個人差はあるが生活時間が夜型ではなく，朝型の方は夜は比較的早めに休ん

暗記効果の比較

スタイル	長所	短所
従来型	いままでの学習時間の一部を暗記に利用する。安心して暗記ができる	深夜型など効果が低い時間帯で暗記している危険性がある
細分型	短い時間ながらいつでも暗記ができる。無駄な時間の活用	短い規定ものは良いが，長い理論などは集中感に欠ける
早朝型	朝の緊張した雰囲気に，かなり集中して暗記できる	通勤通学前なので，ややもすると時間が気になる

で，早朝に60～90分程度集中して計算問題や理論暗記をするのも効果的な学習方法である。また，自分はどうしても深夜の暗記がベストだという方は，やはり深夜に暗記を続ける方が良いと思われる。

（3） 理論暗記スケジュール

　財務諸表論の理論暗記も何らかの課題，たとえば専門スクールでの次の講義での小テストのためなど，どうしてもそこまでに暗記しなければならないという時間的な期限がついているものが多いはずである。このような時には，前日にまとめて暗記するなどということは，絶対に避けるべきである。暗記しなければならないものの分量と自分の生活スケジュールを良く考えて，いつどの部分を暗記すべきか計画を立てて，この時間はここを暗記，ここでは何をというように明確なスケジュールを立ててほしい。

　自分には，そんな計画的なことはできないという方は，特にこの暗記スケジュールを立てることをお勧めしたい。というのは，計画性なく学習を続けていると，暗記はなかなかできない。さらに一夜漬けすらしないまま講義の小テストに臨まなければならないことも起こり得る。このような状態では合格どころか，いつ税理士試験を諦めるかということになりかねない。

```
─▷ 課題 ◁──────────────────────
　継続性の原則について説明しなさい。
　　1. 意義 ──────────────→ すでに暗記完了
　　2. 継続性の原則の必然性 ───→ 今日の午前中に
　　3. 継続性の原則の前提 ─────→ 今日の帰りと夜の勉強で
　　4. 会計処理・手続の変更 ───→ 重要　日曜日の夜に落ちついて
　　5. 商法における継続性の原則 → 今回はパス!!
　　　　　　◎全部通して月曜日の夜に書く!!
```

　暗記のスケジュールを立てても実際には，なかなか予定通りには進まないのが現実である。結局多少遅れることになるので，上記の例のように初めから重

要性の低い部分の暗記は割愛しておき，暗記できれば良いという程度にしておくと負担感もない。また必ず前日，当日などに自分で実際に書くという作業が必要なので，落ちついて答案を書く場所（時間）を決めておくこと。

```
理論暗記のポイント（その1）
1. 一夜漬けはすぐ忘れるので要注意
2. 深夜暗記は、ほどほどに
3. 通勤時間，早朝など新しい学習時間を活用する
4. 暗記スケジュールを立てよう
```

2. 暗記の効果的方法

（1） 復唱しての理論暗記

　物事を憶えるためには，いろいろな方法がある。自分の手で書いたり，テープレコーダーを使いながら耳から暗記したり，暗記しようとするものをじっとにらんだりする方法（？）などさまざまである。

　税理士試験の財務諸表論や税法科目は，多くの先輩達は，暗記する内容を口頭で復唱しながら暗記している。これは，暗記するものを読み，それを頭の中に入れて，口頭でブツブツとその内容を繰り返すという，極めて原始的な方法である。

　暗記には，さまざまな方法があるが，かつて学生の頃を思い出してみると，漢字は必ず何度も書いて憶えた思い出があるが，算数の九九は口頭で暗記させられた記憶がある。これは漢字は自分の手で書く時に使うためのものであるから，書いて憶えた方が効果があり，九九は計算過程で使うものであり，そのスピードが大事なので口頭で暗記したわけである。

目的別の暗記パターン

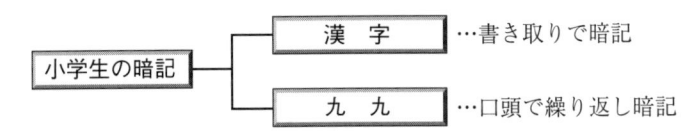

```
小学生の暗記 ┬─ 漢 字 …書き取りで暗記
            └─ 九 九 …口頭で繰り返し暗記
```

　さて税理士試験の財務諸表論も，自分の手で答案用紙を作成するが，手を使わずに口頭で理論暗記をするのはなぜなのであろうか。これは，2つの理由がある。ひとつは，暗記する分量が絶対的に多いこと。いまひとつは，財務諸表論は文章よりもキーワード暗記の方が中心であるためである。

（2） 短く区分して暗記する

　財務諸表論や税法科目の理論暗記をするコツは，暗記しようとする文章をできるだけ細分化して，この細分化したものを何度も何度も繰り返し復唱することである。

企業会計原則　注解1

① 企業会計は，定められた会計処理の方法に従って／正確な計算を行うべきであるが　　　　　　　　　　　　　　　〔分割可〕
② 企業会計が目的とするところは
③ 企業の財務内容を明らかにし
④ 企業の状況に関する利害関係者の判断を誤らせないようにすることにあるから

⑤ 重要性の乏しいものについては
⑥ 本来の厳密な会計処理によらないで　　　　　　〔ポイント部分〕
⑦ 他の簡便な方法によることも
⑧ 正規の簿記の原則に従った処理として認められる。

〔重要性〕

第2章　理論暗記作戦

> アドバイス

　前頁に示す通り，重要性の原則を句読点（,）を基本にして8つに区分した。①が長いと感じれば，さらに区分しても良いし，⑥～⑧は一文であったものを3つに分けている。

　全体は①～④が本来の企業会計の立場を示し，後半⑤～⑧は例外としてのこの原則（重要性の原則）の趣旨を示す部分である。特に⑥～⑧はポイントになる箇所である。

　暗記は①から順番に暗記して，①が暗記できたら②を，②が暗記できたら①②を通して，これができたら③を，③が暗記できたら①②③を通して……というように区分して暗記して，これを頭からつなげてという方法がオーソドックスな方法である。

（3）　記述による暗記の確認

　書くことによる暗記は，避けるべきであることはお話しした。しかし，ある程度の分量が暗記できたら，復唱の繰り返しばかりでなく自分で実際に紙の上に書いてみることも実行してほしい。

　これは，口頭での復唱が上手くできても，手で書くというのは脳が別の働きをするからである。憶えたと思っていても実際に書いてみると，正しく書けなかったり，書くのに何度も何度も復唱をしなければ記述できないこともある。

　また,暗記の確認という目的以外に,この暗記した事項を実際に書くことで記憶の定着を高めるという効果がある。これは文字を自分で書くことにより,その文字が,自分の目を通して自分の脳へ再度フィードバックしているためである。

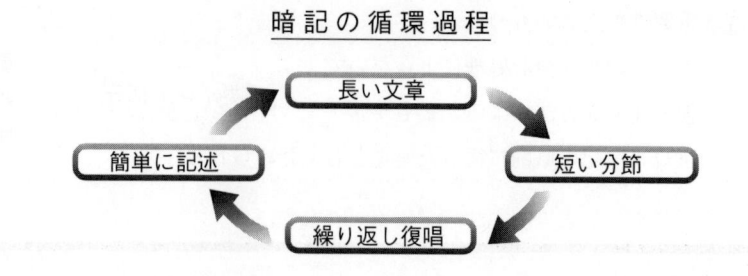

暗記の循環過程

長い文章 → 短い分節 → 繰り返し復唱 → 簡単に記述 → （長い文章へ戻る）

この暗記したものの記述は，大げさなものではない。メモ用紙などを用いて，簡単に乱雑な文字で暗記したものが書けるかどうかを確認するだけである。全文を書かなくてもキーワードを中心として大切な部分が把握できているかどうかを確認してほしい。書くということにあまり厳密なイメージを持たないでほしい。

> **理論暗記のポイント（その2）**
> 1. 暗記する文章は細分化する
> 2. 暗記は，手でなく復唱して
> 3. 暗記できたら自分で書いてみよう

3. 暗記する場所

財務諸表論の暗記は，暗記する文章を細文化して，復唱することが理想的であることは説明した。今度は，この暗記という作業をどこで行うかについて説明したい。

基本的にこの暗記は，口頭で復唱するのであるからどこででも可能である。自宅の机の前に座って，この理論暗記をする必要はまったくない。すでにお話しした通勤・通学の電車の中，専門スクールの自習室，会社の談話室の片すみ，図書館の閲覧室など，さまざまな場所が暗記のスペースと考えることができる。

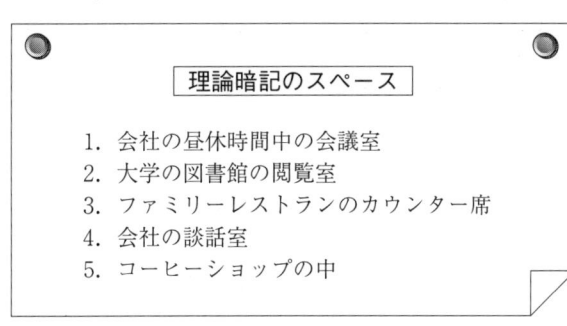

> **理論暗記のスペース**
> 1. 会社の昼休時間中の会議室
> 2. 大学の図書館の閲覧室
> 3. ファミリーレストランのカウンター席
> 4. 会社の談話室
> 5. コーヒーショップの中

ここが最高の場所であるとして紹介できる所はない。各自，それぞれの生活環境が異なるわけであるから，自分が一番効果的であると考えた場所がベストポイントということになる。

　暗記のために必要な道具は，後述する暗記カード程度であるから，自分が，どこででも暗記するんだと思っていれば，それこそどこででも暗記は可能である。

　また，最近は大変に効果のある耳栓や，ヘッドフォンステレオなども利用している方が多い。ここでなければというこだわりを持たずにどこででも暗記をするように心掛けてほしい。

```
理論暗記のポイント（その3）
1. お気に入りのスポットが効果抜群
2. いつも新しいスポットを探すこと
3. どこでも人目を気にせず，すぐ暗記開始
```

4. 暗記はマイペースで

　受験生の年齢や環境などは千差万別である。しかし目標としているものは同じ試験であり，その試験は毎年1回しか実施されない。目標にすぐ手が届く者，なかなか手が届かずようやく手に入れる者などさまざまである。

　理論の暗記に関しても，百人百様の憶え方があると思うし，各人各様の苦労があると思う。ここで私が説明していることも，私の受験生としての体験と受験指導をしてきた経験のようなものをまとめているにすぎない。したがって，自分にはこちらの方法の方が，効果があると感じるものがあれば，当然その方法を貫く方が，良い成果が上がると思う。

（1） マイペース型の暗記

　暗記しなければならないことは山のようにある。しかも，これを暗記するためには期限がある。こう考えれば誰でもプレッシャーやストレスを感じてしまう。しかし，毎日コツコツと暗記を続ければ，いつか頂上は見えてくる。少し早く頂上にたどり着く者，少し遅れて山頂に到着する者，目標が達成できればいいわけで，その差はまったくないと思う。

　講義で宿題が出されても，一夜漬けなど無理な暗記をすることなく，今回は暗記できたところまで書き，暗記できなかったところはまた次回のチャンスに暗記すれば良い。無理な暗記を繰り返し精神的に辛い思いをするのではなく，自分は自分のペースでと思って暗記をしてほしい。

暗記はマイペースで

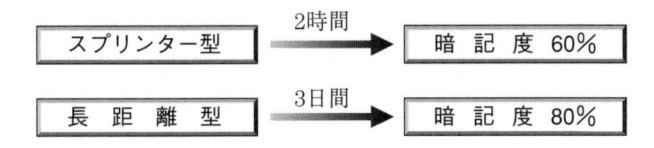

スプリンター型	2時間 →	暗記度 60%
長距離型	3日間 →	暗記度 80%

（注意）暗記時間と理解度
　　　　短い時間，たとえば一夜漬けで暗記したとしても，その完成度や内容が不充分では意味はない。逆にいくら時間が掛かっても，確実に暗記している方が望ましいといえる。

　そもそも，採点者には性別や年齢も判明しない答案に書かれている「重要性の原則」が，以前暗記したものなのか，最近暗記したものなのか，そんなことはまったく分からないわけである。それよりも丁寧な文字でキレイな答案の方がより重要性を持っている。

　自分の暗記ペースを悩んだりせずに，コツコツと暗記を進めてほしい。

（2） 自分の暗記能力

　暗記能力とは，いかにも大げさなタイトルであるが，これは自分が，どのようにして暗記ができるのか，またどのぐらいで忘れてしまうのかのパターン

（形態）を把握しておくということである。

たとえば，ある理論でも規定でも良いが，これを最短で暗記するためには，どのくらいの時間が必要であるか，どこでどのように暗記すれば早く暗記できるか。

自 分 の 暗 記 力 を 把 握 す る

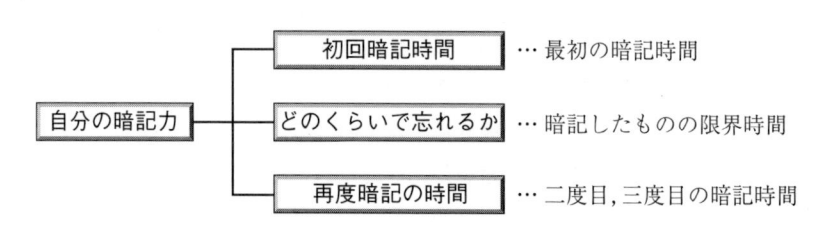

```
                    ┌─ 初回暗記時間 ──── … 最初の暗記時間
自分の暗記力 ───────┼─ どのくらいで忘れるか ─ … 暗記したものの限界時間
                    └─ 再度暗記の時間 ── … 二度目，三度目の暗記時間
```

また，一度暗記したものをどのくらい見なければ忘れてしまうのか，その忘れてしまう程度は，どのくらなのか。さらに一度忘れても再度，同じものを暗記するためには，どの程度の時間が必要なのかなどである。

これらは全て理論の暗記をする際に，自分自身で知っていなければいけないことである。これに基づいて学習計画を立てたり，理論暗記のサイクルを考えなければならないからである。

2 暗記の実践テクニック

1. 事前準備を万全に

（1） 精神面の心構え

　理論の暗記を始めようとする時に，けっして楽しい気分になったりすることはない。これが計算問題であれば，まだ「さあやるぞ」という気持になるが，理論暗記は見えないゴールに向かって走り出さなければならないのと同じであるから不安な気持は皆同じである。

　野球の練習にも守備練習とバッティング練習があり，どの選手もバッティング練習の時は，活き活きとするという話を聞いたことがある。チームが勝つためには打撃も大事であるが，堅い守りも重要である。両者一方の力が劣っていてもチームは勝つことはできない。

　理論の暗記を始める時にも，「さあやるぞ!!」という気持をぜひ持ってほしい。これは単に精神論だけではなく，このやるぞという気持が脳生理学的に大変重要なのである。このやるぞという気持が脳を刺激して，より効果的に暗記ができるということが，科学的に明らかになっているそうである。たしかに，何でも嫌々やるよりは，少しでも前向きの気持で物事を始めた方が良い結果になることは予想がつく。

　また，このやる気と同時に，頑張ってやらなければいけないという多少のプレッシャーも必要である。これにより気持も引き締まり集中力も増すことになる。ただプレッシャーが掛かりすぎると，今度はストレスになり逆効果なので

要注意である。

　事前に，やるぞという気持を持ち，多少のプレッシャーを感じつつ，平常心で暗記に臨んでほしい。いつもと同じ暗記という作業をしているのであって，特別なことをしているという気持を持つ必要はない。何だか矛盾する精神状態を3つ持ちながら理論暗記に取り組むことになるのだが，暗記の前提としてこの3つは常に心掛けてほしい。

暗記のための三本柱

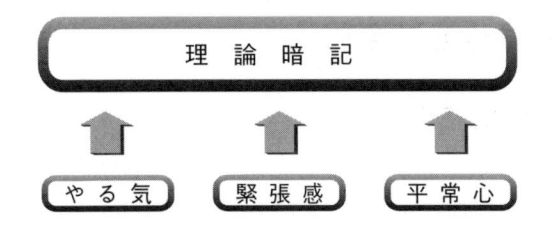

```
┌─────────────────────────┐
│     理　論　暗　記       │
└─────────────────────────┘
       ↑         ↑         ↑
   ┌─────┐　┌─────┐　┌─────┐
   │やる気│　│緊張感│　│平常心│
   └─────┘　└─────┘　└─────┘
```

（注意）三本柱の関係
　　　　理論暗記をする時には，特別な気持を持つことなく今までと同じやり方で，今度の理論もできるだけ正しく暗記して，講義中の小テストできちんと書けるように頑張ろうという程度の気持で臨んでほしい。
　　　　「やれやれ」とか「あ～あ」という気持はけっして持たないでほしい。

（2）全体を把握する

　暗記しなければならない形態のものは，さまざまである。企業会計原則のような規定や，会計理論で使用することになる数多くのキーワード，またある事項に関する総合的理論，それぞれその暗記の方法は異なる。

ケース1　規定の暗記

　企業会計原則のような基礎的な会計関係の規定であり，長くはないし，表現も簡単であるが，一字一句できるだけ正確に暗記する必要があるもの。

> ex）企業会計原則：注解18
> 「将来の特定の費用又は損失であって，その発生が……」

ケース2　キーワードの暗記

　会計学の基礎となっているような理論であり，企業会計原則のような全体的な正確性は必要ないが，解答が要求された場合には，常識的なキーワードを用いて文章を書かなければならないものである。

> ex）資産評価に関する取得原価主義について
> ・支出額
> ・取得原価 ⟷ 貨幣資本
> ・貨幣資本の維持
> ・外部取引による計算の確実性，取引の検証可能性
> ・物価上昇時の問題点
> ・その他

> ex）費用と収益との対応
> ・対応原則の意義
> ・費用収益対応の原則の目的
> ・対応関係
> ・この原則の具体的規定

ケース3　構造的な会計理論の暗記

　会計のあるテーマに従って，ひとつの完成された理論を暗記するもので，

テーマ別に相当量の理論を暗記しなければならない。

> ex）資本取引・損益取引区分の原則について説明しなさい。
>
> ［1］ 意義
> 　企業会計原則の一般原則の3番目に「資本取引と損益取引とを明瞭に区別し，特に資本剰余金と利益剰余金とを混同してはならない。」と規定している。
> 　この原則は，会社で行われる取引を資本に関するものと損益に関するものに明確に区分し，同時にこれらにより発生する剰余金も区別することを要請している。
>
> ［2］ それぞれの取引について
> （1） 資本取引とは
> 　資本取引を定義すれば，企業の純資産を直接増減させる取引である。これは具体的に資本金及び資本剰余金が増減する取引と考えることができる。
> （2） 損益取引とは
> 　損益取引は，企業が行った営業活動の結果として企業の純資産である利益剰余金を増減させる取引を示す。
>
> ［3］ 取引を区別する理由
> 　資本取引も損益取引も直接的又は間接的に企業の純資産を増減させる取引である。しかし，純粋に期間利益の計算は損益取引から発生した利益剰余金の増減によって行うべきであり，両者が混同すると明確な計算をすることができなくなる。
>
> ［4］ 資本剰余金と利益剰余金

> （1）資本剰余金
>
> 　資本剰余金は資本取引により発生する剰余金であり，資本金と同様に企業に維持拘束されるべきもので配当等により外部に流出してはならないものである。資本剰余金は，払込剰余金，贈与剰余金，評価替剰余金から構成されていると考えることができる。
> 　　　　　　　　　　　⋮
> 　　　　　　　　（以下省略）

　具体的な暗記に関しては，ケース1の場合は，規定であるため，そのまま暗記する以外はない。ケース2に関してもキーワードを暗記して，このキーワードを使える練習をしなければならないため，キーワードの暗記とこれを用いての理論の組み立てという学習が必要である。

　このセクションで暗記の具体的な方法について説明したいのはケース3のような構造的な総合問題に関してである。まずこのような総合問題は，全体を良く把握し，各区分に何が説明されているか，また重要性のある区分はどれかなどを事前に把握しておかなければならない。

　ここでは，次頁に示されている企業会計原則，一般原則「明瞭性の原則」を具体例として，全体像の把握や暗記の方法などについて説明してみることにする。

問題
企業会計原則・一般原則の「明瞭性の原則」について説明しなさい。

〔1〕 意義

企業会計原則の一般原則の4番目に、「企業会計は、財務諸表によって、利害関係者に対し必要な会計事実を明瞭に表示し、企業の状況に関する判断を誤らせないようにしなければならない。」としている。

この原則は、企業の会計情報をどのように開示するかについて、その基本理念を示すもので、企業会計原則の中でも報告面において重要な意味を持っている。

（一般原則のまま）
（2つの重要性）

〔2〕 財務諸表を明瞭にする必要性

企業の財務内容は、利害関係者のために報告（開示）される。このための財務諸表は、継続記録された会計帳簿から誘導的に作成されたものである。企業の利害関係者は、この財務諸表により自らの意思決定を行う。つまり、この原則において、財務内容を明瞭に開示することとして有用な情報の公開を要請していることになる。

（キーワード）
（この原則の目的!!）

このために財務諸表は、利害関係者に対して企業全体の判断ができるマクロ的な情報と、また逆にミクロ的な情報も提供しなければならないという大きな役割を持っている。

（二面的情報）

また、現在では財務諸表作成の基礎となった会計方針や後発事象の開示などもしなければならないこととされている。

（詳細は後述）
（強制!!）

〔3〕 明瞭性のある財務諸表

利害関係者に対して、有用な会計情報を提供するため財務諸表を明

瞭に作成するには、次のような方法による。

〈明瞭性のための具体例〉　←具体的方法

(1) 区分表示の原則
(2) 総額主義の原則
(3) 重要事項の注記　←この順番通り5項目のタイトルそのまま
(4) 附属明細表の作成
(5) 各項目の概観性

[4] 会計方針・後発事象の開示

明瞭性のある財務諸表を作成するために、その具体的な方法として、重要事項の注記（上記[3]）がある。企業会計原則の注解では、後述する**会計方針**と**後発事象**については**注記**を要請している。

←重要事項とは何か

(1) 会計方針の開示

←必要ある場合

会計方針の開示が要求されるのは、ある会計事象について2つ以上の処理原則や方法などがある場合である。このような場合には、いずれの会計処理方法を採用したかにより、損益結果が異なる財務諸表が、作成されることになるからである。　←その理由

重要な会計方針として注記しなければならないものの具体例は次のとおりである。

〈会計方針開示例〉　←具体例　下の後発事象と混同させない！！

① 有価証券の評価基準及び評価方法
② 棚卸資産の評価基準及び評価方法
③ 固定資産の減価償却方法
④ 繰延資産の処理方法
⑤ 外貨建資産・負債の本邦通貨への換算基準

←7項目をそのままの順序で暗記する

💡ヒント…最初の一文字だけ暗記しておく

⑥ 引当金の計上基準
⑦ 費用・収益の計上基準

(2) 後発事象の開示

　　財務諸表は，決算日を基準日として事業年度内における財政状態，経営成績に関する情報を開示している。しかし，**決算日後の財務諸表を作成する日までの間に重大な事象が発生している場合**には，これを何らかの形で利害関係者に公表すべきである。というのは，開示された財務諸表には影響はないが，翌期の財務内容には大きな影響を及ぼすわけであるから，これを公表しなければ，現在の利害関係者と将来の利害関係者は**不公平**になってしまう。
　　つまり，重要な後発事象を，注記事項として開示することは，企業の将来の財政状態及び経営成績を判断するための補足情報として有用であるといえる。
　　そこで将来の財政状態や経営成績に影響を及ぼす次のようなものは後発事象として注記しなければならない。

〈後発事象開示の例〉
① 火災，出水等による重大な損害の発生
② 多額の増資又は減資及び多額の社債の発行又は繰上償還
③ 会社の合併，重要な営業の譲渡又は譲受
④ 重要な係争事件の発生又は解決
⑤ 主要な取引先の倒産

全体を把握

一般原則の理論としては，比較的分量の多い内容である。

[1] 意義

企業会計原則・一般原則「明瞭性の原則」をそのまま暗記する。
すでに暗記していれば，この原則の意味（目的）をつかむ。

① 会計情報の具体的開示方法
② 財務諸表の報告面の要請

[2] 財務諸表を明瞭にする必要性

財務内容を明瞭に開示して有用な情報を公開する要請
⇩
このためにマクロ・ミクロ情報の提供

[3] 明瞭性のある財務諸表

具体的な5つの方法を列挙する。

> 以上［1］〜［3］が重要事項である。特に［2］はこの理論の中心になる部分である。
> 以下は，簡単にまとめる（表現）。また開示例も全てではなく憶えやすいものを3〜4項目程度で良い。

[4] 会計方針・後発事象の開示

（1） 会計方針の開示

どのようなものに開示が必要で，その理由について。

・7つの具体例の列挙

（2） 後発事象の開示

後発事象の開示目的（理由）↔ 補足情報

・5つの具体例の列挙

（3）暗記のためのスケジュール作り

　上記の全体の把握により重要性があるのは［2］であり，あとは［1］の明瞭性の原則の意義が暗記済であれば，［3］はもちろん［4］の開示などを暗記することが望ましい。

　もちろん，今回は［1］から［3］までの範囲だけを完璧に暗記するとしても，一向に差し支えない。もちろんその場合は，今後のために［4］のアウトラインだけでも，把握しておかなければならないことはいうまでもない。

```
──── ▷暗記スケジュール◁ ────
〔1〕　意義 ……→ すでに暗記済
　　　　　　　　今回は，この原則の意味（目的）を憶える
〔2〕　財務諸表を明瞭にする必要性
　　　　　　……→ 細分化（文節等）して，前段 ……→ 今日の夕方から
　　　　　　……→　　　"　　　　　　　　後段 ……→ 明日一日中
〔3〕　明瞭性のある財務諸表
　　　　　　……→ 具体例の5項目の出だしの一文字だけ暗記
　　　　　　　　「区，総，注，附，概」として ……→ 明日通勤中に
〔4〕　会計方針・後発事象の開示
　　（1）　会計方針の開示
　　　　　　必要ある場合のみセンテンスとして暗記 ……→ 明後日，一日中で
　　（2）　後発事象の開示
　　　　　　後発事象とは何か，なぜ開示するかその理由 ……→　　"
```

　暗記すべき理論は，暗記しなければならない期限があるはずである。たとえば次の講座までとか，何月何日に実施される定期テストまでなどである。けっして直前になって一夜漬けで暗記しようなどと考えずに早い時期から少しずつ暗記を積み重ねること。

　また，できたら直前に必ず1回，自分の手でこの理論を記述してから講義なりテストに臨むことが望ましい。

2. 暗記用ツールの製作

　暗記のためには，ただテキストを読んでいるだけでは駄目だということはすでに説明した。基本的な暗記は，憶えようとしている文章を細分化して，繰り返し口頭で復唱しながら頭の中に入れてほしい。

　この口頭での復唱は，机の前で行うのではなく，時間があれば電車の中などでも実践しなければならないことも，暗記する場所のセクションで説明している。

　これらのことから，いつどこででも暗記しようとする理論のための道具（ツール）が必要になる。たしかにテキストや理論参考書も存在するが，これをいつでも持ち歩き，どこででも取り出して暗記することには少々限界がある。

　ここでは，各受験生の生活環境などに応じた，携帯可能な暗記ツールについて説明したいと思う。

暗記用ツールの紹介

	方　法	具体的製作方法	携帯性
1	テキスト等の縮小コピー	専門スクール等で使用した，アンダーラインやメモ書きの入った理論用テキスト，参考書を縮小コピーして，そのまま携帯する。	★★★
2	暗記カードの作成	B6判のカードの表に暗記する理論の大見出し（タイトル）を列挙，裏に各項目のキーワードや解答のポイントなどを記入したものを作成する。	★★
3	手書理論の作成	自分の手で小型ノートなどに暗記すべき理論などを丁寧に書き写し，これを常に携帯して暗記する。	★★

（注意）活用方法
　　　上記の3つの形態の暗記ツールは，どれが便利であるとか優れているということを結論づけることはできない。各受験生の学習環境に応じて，適当なものを見つけて各自活用してほしい。

ちなみに，上記の３つの方法は私が税理士試験を受験する際に全て理論暗記に用いたツールである。財務諸表論では，自由に文章構成ができるようなので「暗記カード」を作って会計学の理論をマスターした。どちらかというとキーワードや決まっている文章（決めの文章）などの暗記をするために大変便利であった。

　法人税法は，どうしても１年で合格したいという思いから「手書理論ノート」を時間を掛けて作って，いつもこれを持ち歩いて理論の暗記をした。もちろん専門スクールの理論用テキストも持っていたが，その内容よりはワンランク高いものを作ったつもりだった。本試験が理論サブノートからのストレートな出題ではなかったので，自作の理論をまとめたこのノートのおかげで，目標を達成できた。

　最後に合格した所得税では，仕事が忙しくてカードも理論ノートも作る時間もないため，専門スクールの理論テキストをそのまま「縮小コピー」したものをいつもポケットに入れて持ち歩いて暗記をした。洋服のどのポケットにもこの縮小コピーだらけで，友人からは「ドラえもん」とからかわれた記憶がある。

　いずれの方法も実際に体験しているが，それぞれ長所や短所はあると思う。これから具体的に紹介する３つの方法のうち，自分に合っていると思えるものをぜひ実践してほしい。

（１）　テキスト等の縮小コピー

　これは，テキスト類を直接縮小コピーして，これをそのまま暗記用ツールにしてしまう，最も簡単なツールの作成方法である。文字通り縮小コピーするだ

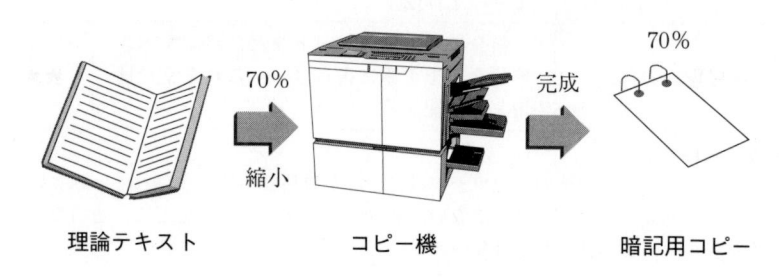

理論テキスト　→70%縮小→　コピー機　→完成→　暗記用コピー 70%

けであるから，一瞬のうちに暗記ツールはできあがってしまう。また縮小する大きさも機械でいくらでも調節可能であるから，その気になればかなり小さな理論用のプリントが作成できる。

　この方法の一番の魅力は，短時間で暗記用のツールが作成できる点である。次に紹介するカードや手書の理論ノートなどと異なり，その作成にはまったく手間が掛からない。

　この方法で理論暗記をするのは，一向にかまわないが，専門スクールで使用した教材をそのまま縮小コピーするので，講義内で担当講師が説明した内容をできるだけたくさん書き込むことがポイントである。アンダーラインの指示などはもちろん各用語などについての説明や他の理論との関係など，このようなものをとにかくたくさん書き込んで，これをコピーしてほしい。

　ということは講義内にどれだけ集中できるかが勝負であり，講義でぼんやりしていて，ほとんど書き込みのない理論テキストの暗記では駄目だと考えてほしい。

　また，この暗記用に使用した縮小コピーも，消耗品であり同じものが理論用のテキストとして1冊になっているが，自分で作った縮小コピーだけを1冊にまとめたバインダーなどを使っておくと自分が暗記した理論の実績が実感できる。このバインダーを鞄の中に入れて1冊として携帯すれば，これはこれで価値ある暗記ツールになるであろう。

　ここまで，お話しすれば，このテキスト縮小の暗記ツールはどちらかというと学習時間があまりないサラリーマンやOLなどに適している方法であると理解していただけると思う。

　また，これは個々の理論を暗記するには便利な方法であるが直前期に出題される，いくつかの会計理論を対比させたり複合させる理論が出てくると，より高度な組み替え力や理論構成力が要求されるので，その時期にはまた新たな暗記方法を考えなければならないかもしれない。

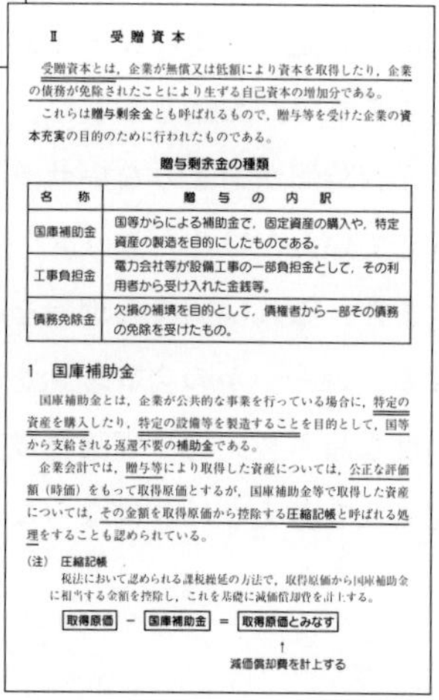

Ⅱ 受贈資本

受贈資本とは，企業が無償又は低額により資本を取得したり，企業の債務が免除されたことにより生ずる自己資本の増加分である。

これらは贈与剰余金とも呼ばれるもので，贈与等を受けた企業の資本充実の目的のために行われたものである。

贈与剰余金の種類

名　称	贈　与　の　内　訳
国庫補助金	国等からによる補助金で，固定資産の購入や，特定資産の製造を目的にしたものである。
工事負担金	電力会社等が設備工事の一部負担金として，その利用者から受け入れた金銭等。
債務免除金	欠損の補填を目的として，債権者から一部その債務の免除を受けたもの。

1 国庫補助金

国庫補助金とは，企業が公共的な事業を行っている場合に，特定の資産を購入したり，特定の設備等を製造することを目的として，国等から支給される返還不要の補助金である。

企業会計では，贈与等により取得した資産については，公正な評価額（時価）をもって取得原価とするが，国庫補助金等で取得した資産については，その金額を取得原価から控除する圧縮記帳と呼ばれる処理をすることも認められている。

(注) 圧縮記帳
　　税法において認められる課税繰延の方法で，取得原価から国庫補助金に相当する金額を控除し，これを基礎に減価償却費を計上する。

　　　取得原価 － 国庫補助金 ＝ 取得原価とみなす
　　　　　　　　　　　　　　　　　　↑
　　　　　　　　　　　　　　減価償却費を計上する

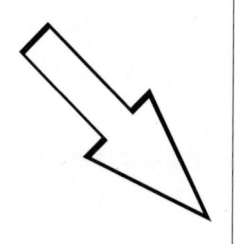

縮小コピーの特徴

|長　所| ⇨ 簡単に短時間で作成できる。携帯性も良い。
|短　所| ⇨ 理論テキストの書込みが少ないと効果半減。
　　　　　　　直前期には，やや力不足。

（2） 暗記カードの作成

　財務諸表論は，その基礎段階から直前期までの間に，同一の論点をさまざまな方向から考察したり，内容の積み重ねや，関係項目の検討など，多面的な学習が行われる。

　専門スクールなどもこの点を考慮して，同一論点を数回に分けながら講義して知識の積み重ねを行っている。

```
┌─ 資本会計に関する学習 ─────────────────┐
│  1. 資本の概要 ┄┄┄┄┄┄┄┄┄┄┐                        │
│    （1） 資本とは何か                              │
│    （2） 企業会計原則の分類                        │
│    （3） 商法の分類         ┄┄┄ 入門期で学習する   │
│  2. 払込資本                    基礎項目           │
│    （1） 資本金勘定                                │
│    （2） 資本準備金 ┄┄┄┄┄┄┄┘                        │
│  3. 受贈資本及び評価替資本 ┄┄┐                     │
│    （1） その他の資本剰余金                        │
│    （2） 受贈資本                                  │
│    （3） 評価替資本         ┄┄┄ 応用期で学習する   │
│  4. 稼得資本                    やや高度な項目     │
│    （1） 稼得資本の概要                            │
│    （2） 処分済利益 ┄┄┄┄┄┄┄┘                        │
│  5. 自己株式 ┄┄┄┄┄┄┄┄┄┄┐                             │
│    （1） 自己株式の意義    ┄┄┄ 直前期に改正項目として│
│    （2） 自己株式の性格 ┄┄┄┘    学習する          │
└────────────────────────────────┘
```

たとえば資本会計に関する学習範囲も，初回である入門期にその全ての説明を行い，その内容を一度で理解させることは困難である。このため，この内容をいくつかに区分して，長期間のうちに何度かに分けてその説明が行われる。

　さらに，この資本会計に関する領域では，会社の分割や合併，また従来と取扱いが異なることとなった減資差益や自己株式，さらにこれに関連する配当可能利益の算出など，いろいろな事項を学習しなければならない。

　このように，ある項目が何度かに区分されて講義で取り扱われる場合には，テキストも工夫されて作成されている。このように段階的に知識の積み重ねが行われるような場合にはどのような暗記ツールが適しているのであろうか。

　財務諸表論は，税法理論のような定形型の理論を完全暗記するのではなく，テーマとなっている内容に適したキーワードを組み合わせながら，解答を進めるケースが多い。このため，前述した学習時期別の暗記項目に応じたカードを作成しながら，タイトルやキーワードを中心にカードの表面，裏面の両側を使って，学習を進めていくと効果的である。

　このカードは，どのような大きさでも良いが，ここではB6判の2穴カードのような形式のものを想定しながら説明を進めたい。このカードは罫線の有るもの無いもの，また罫線もいろいろな形式のものが文具店で販売されている。同時に大型の丸リング（2個）や，B6判2穴バインダーなども購入しておくと良いであろう。

　このカードの作り方は自由である。かつて英単語を憶える時に表に英単語を裏に日本語訳（その逆）のようなものを使って勉強した経験のある方も多いと思うが，あれと同じ趣旨のことをこのB6判のカードを使って行おうというわけである。

　入門者用のカードと上級者用のカードの例を示すので両者を比較して参考にしてほしい。

作成見本 テーマ：有形固定資産の減価償却の基本項目について
表　面

● タイプ1　ある程度のタイトルを入れたケース（入門者用）

　　　問題：有形固定資産の減価償却について説明せよ
　　　　　1. 意義
　　　　　2. 減価償却の目的
　　　　　3. 減価償却の効果
　　　　　　　(1) 自己金融機能
　　　　　　　(2) 固定資産の流動化
　　　　　4. 減価償却計算の三要素
　　　　　　　(1) 取得原価
　　　　　　　(2) 残存価額
　　　　　　　(3) 耐用年数
　　　　　5. 固定資産の減価原因

● タイプ2　タイトルをほとんど入れないケース（上級者用）

　　　問題：有形固定資産の減価償却について説明せよ
　　　　　1. 意義
　　　　　2. 目的
　　　　　3. 効果
　　　　　　　(1)　　　　　　(2)
　　　　　4. 計算三要素
　　　　　　　(1)　　　　　　(2)　　　　　　(3)
　　　　　5. 固定資産の減価原因

（注意）表面に関して
　　　入門者は，やはりある程度のタイトルが入っている方が，その内容をイメージしやすいと思う。しかし，その内容が少しずつ理解できるようになったら修正液（テープ）でタイトルをどんどん消していくこと。最後は 1．2．3 (1) (2) (3) の番号だけになるのが理想である。

> 裏　面

● タイプ1　文章形式でその内容を説明したケース

```
1. 意義
　資産の取得原価は、資産の種類に応じた費用配分の原則によって、
各事業年度に配分しなければならない。　　　　　　　　　　　　○
　有形固定資産は、当該資産の耐用期間にわたり定額法、定率法等の
一定の減価償却の方法によって、その取得原価を各事業年度に配分す
るものとする。
2. 減価償却の目的
　減価償却の最も重要な目的は、適正な費用配分を行うことによって、○
　　　　　　　　　（以下省略）
```

（注意）スペースの配慮
　　　カードの大きさはB6判しかないため、全ての項目を文章として裏面に記入することには限界がある。このために一部のみを記入するか、あるいは縮小コピーなどを貼り付けるなどの工夫が必要である。

● タイプ2　各タイトルごとのキーワードのみを記入したケース

```
　　1. 意義
　　　・種類に応じた「費用配分の原則」　　　　　　　　　　　　　　○
　　　・耐用期間にわたる一定の方法による
　　2. 目的
　　　・適正な費用配分→毎期の損益計算を正確ならしめる
　　　・所定の方法で計画的・規則的に実施　　　　　　　　　　　　　○
　　　　　　　　　（以下省略）
```

（注意）裏面に関して
　　　裏面も基本的には、その内容は各受験生が必要に応じて考えてほしい。ごく簡単なものから比較的詳細なものまで、得意分野や不得意分野、新会計基準など、その内容や作り方に違いがあって当然である。

このＢ６判のカードをわざわざ作成するのには，大きな理由がある。このカードは追加，削除が自由にでき，また作り直しをすることも簡単である。長い学習期間を通じて，その時の自分の実力に応じた内容のカードで暗記を進めることができる。

　また，すでに完全にマスターしたものや，近日中に実施されるテスト範囲に含まれていないものは，別にファイリングし，逆に再度暗記を確認しなければならないものや，急いで暗記しなければならないものを携帯して暗記するようにファイリングすれば大変に便利である。

学習項目別ファイル

（注意）項目別整理
　　　　会計領域ごとにこんなファイルが完成すると大変に便利かもしれない。

暗記カードの活用

1. 作成は，簡単にするように心掛ける

　このカードは暗記のためのツールである。できるだけ短時間で作成して，どんどん暗記しよう。

2．作り直しは何度でも

　内容によって知識が蓄積されてきたら，修正テープでタイトルを消すとか，新たにカードを作り直すとか，どんどんレベルの高いものにしていく。

3．創意工夫

　テキストの縮小コピーや条文など貼り付けたり，マーカーで色分けしたり，図を入れたりいろいろ工夫すると良いものができる。

4．常にファイルを携帯

　そもそも常に持ち歩くことを目的にしたもの。鞄の中などに入れて，いつでも取り出して暗記ができるように。

5．加除を常に繰り返す

　近々暗記しなければならないもの，忘れかけているもの，近日中のテスト範囲など，その日その場の状況で常に重要性のあるカードを携帯する。

6．最高のツールとして完成させる

　本試験には，このカードファイル1冊を持って試験会場に臨むくらいの気持で，内容の良いものに仕上げること。

（3）　手書き理論の作成

　最後に紹介する理論暗記の方法は，問題に対する解答を自分の手書きのもので用意して，これを改めて暗記する方法である。

　この方法は，自分で各項目ごとの要点をまとめた理論暗記用のサブノートを作り，これを暗記する方法である。ここまで紹介した理論テキストの縮小コピーや暗記カードの製作は，どちらかといえば理解よりも暗記にウエイトを置いたものである。しかし，この手書き理論は各単元別の理解を優先させている点が，前者のツールとは異なる。くれぐれも誤解してほしくないのは，専門スクールで使用している理論用のテキストをそのまま自分で手書きしてこれを暗記するという学習（暗記）方法ではない点である。

手書き理論作成プロセス

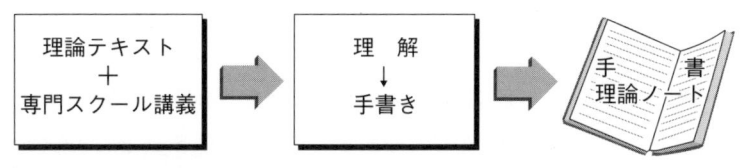

理論テキスト ＋ 専門スクール講義 → 理解 → 手書き → 手書理論ノート

（注意）手書き理論ノート
　　理論テキストは，専門スクールなどで簡単に入手できる。しかし，あえてこのように別に理論ノートを作成するのは，自分でよりまとまった理論を暗記するためだと解釈してほしい。

　理論である会計学の学習には，この手書きの理論ノートを作成する方法は，最も優れた方法である。しかし，会計学を本質的に理解する時間や，この理論ノートを作成する時間を考えると相当の余裕が必要である。理想的な学習方法であるが，残念ながら全ての受験生に勧められる方法ではない。

　この手書きによる理論ノートは，印刷物ではなく自分のレベルに合った内容を自分の手書きで作成していることから，その内容は比較的スムーズに記憶す

理論用ノートの加除の例

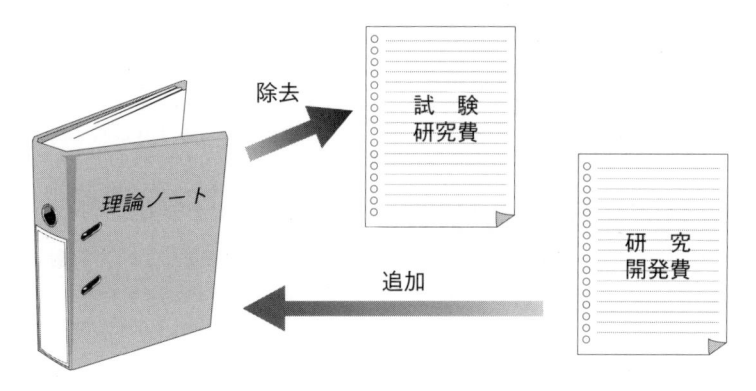

理論ノート　除去 → 試験研究費
　　　　　　追加 ← 研究開発費

（注意）加除の利便性
　　ルーズリーフノート式の場合には，新旧規定の差し替えなどはもちろんであるが，すでに基本的な項目として完全に頭に入っている内容は，暗記する必要がないので，他のルーズリーフノートに移し，常時携帯するノートにはいつも最新，最低限の資料だけを綴っておけば良いことになる。

ることができる。また，比較的小さなルーズリーフ型のバインダーノートなどを用いれば，前述した暗記カードと同様に，各項目別のページの加除も簡単にすることができる。

　この手書きの理論ノートの作成による暗記で注意しなければならないのは，この理論ノートの作成そのものは，暗記という作業にはまったく関連がなく，暗記のための予備的な作業であるという点である。このノートの作成自体は，自分の理論的な知識の整理にすぎない。ノートにこれらを書き出すことにより，記憶するための準備ができたことになる。

　また，この理論ノート作成で大変に難しいのが，テキストの内容を文章として，そのまま書き写してしまったり，内容を箇条書きなど簡単にまとめすぎてしまうことである。このような方法で理論ノートを作成するのであれば前述した縮小コピーや暗記ノートを作成した方が良いことになる。

理論ノート作成上の注意

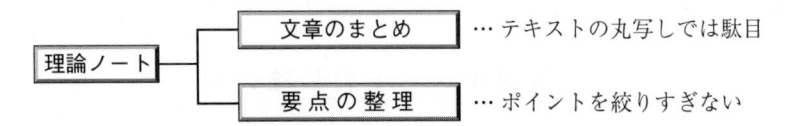

理論ノート ─┬─ 文章のまとめ …テキストの丸写しでは駄目
　　　　　　└─ 要点の整理　…ポイントを絞りすぎない

（注意）作成にあたり
　　長い文章であっても，キーワードなどをそのまま用いて，自分で暗記しやすい文章を考えながら書くこと。また，いくつかのポイントをまとめる時は，できるだけ暗記することを前提に，どうすれば暗記が簡単にできるかを良く考えて各単元を整理していくこと。

　実際のこの理論ノートの形式は，さまざまな形式のものが考えられる。すでに読者の中にも，大学受験でこのようなサブノートを作成していた経験のある方もいるのではないかと思われる。

ケース1 要点をダイレクトにまとめる

問題　固定資産の減価

1. ポイント（前提区分）

   ```
   固定資産 ─┬─ 正規の減価償却
   の減価    └─ 特別な処理 ─┬─ 臨時償却
                            └─ 災害の評価減
   ```

2. 正規の減価償却

    毎期の損益計算を正確ならしめ

    費用配分の原則に従って，計画的，規則的

3. 減価償却の効果

    (1) 固定資産の流動化

       固定資産に投下された資金は，減価償却により貨幣性資産により回収となる

    (2) 自己金融効果

       支出を伴わない費用→相当額が会社内に資金として残る

4. 減価の種類と発生原因

    (1) 物質的減価→使用による

    (1) 機能的減価→発明等による陳腐化

5. 特別な処理（正規の減価償却でない）

    (1) 臨時償却

       原因→新技術の発明等の外的事情

       状況→固定資産が機能的に著しく減価

       処置→臨時に減価償却を行う

       性質→臨時償却費は，前期損益修正損

ケース2 注書欄を設けるケース

```
○    問題  棚卸資産の費用化
○  1. 費用化の方法
○    ● 棚卸資産の取得原価の取扱
○        → 払出分              売上原価等
○        → 棚卸分              期末商品等
○    ● 具体的な把握方法
○        払出数量※1×払出単価※2    ※1 継続記録法等
○                              ※2 先入先出法等
○  2. 払出数量の把握
○    (1) 継続記録法
○        受入・払出の都度その数量を特別な帳簿   商品有高帳
○        に記録する方法                    減耗等の問題
○    (2) 棚卸計算法
○        期末における一括した棚卸を行い、期首、 減耗等の
○        仕入高の差引計算で数量を把握する     売上原価混入
```

ほかに、さまざまな形式のものが考えられる。入門時期のノートの紙面形式とそれ以降に作成するもの、また項目によってその様式が異なってもまったく問題はない。また、折りたたみのような大きな図表になっても、それはそれでかまわない。各自いろいろと工夫してほしい。

理論ノート作成上のポイント

1. 必要以上に時間を掛けないで作成する
2. 自分の知識レベルに合わせて
3. 暗記用であることを前提にする
4. 常に携帯することを忘れずに

3. 暗記理論の復元方法

　理論の暗記は，記述式の答案を作成する目的で行っている準備作業といえる。単に規定やキーワードを復唱するなどして暗記したとしても，本当に答案用紙の上に文字・文章として記述できなければ，その目的は達成されないことになる。

　また，暗記をしているものを実際に自分の手で紙の上に記述することによりもうひとつ大きな効果がある。それは，暗記したことを記述することにより，その記憶がさらに定着化することである。このような意味でも，ある程度の暗記ができたらぜひ紙の上へ，暗記したことを記述してほしい。

記述による学習効果

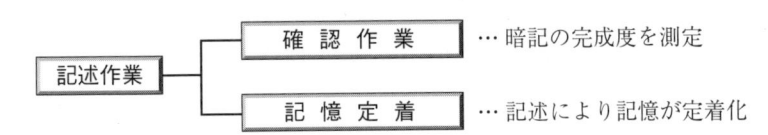

記述作業 ─┬─ 確認作業 …暗記の完成度を測定
　　　　　└─ 記憶定着 …記述により記憶が定着化

（注意）相乗効果
　　暗記したことは，それが実際に記述できたことにより，記憶としてある程度定着していることが証明される。また記述できたことの安心感と満足感が，精神的に大きな効用を生むのでその後の学習にも大きな効果を生むことになる。

　特に，ここで紹介したいのは，企業会計原則のような会計諸規則を丸暗記したものではなく，会計理論の中で用いられているキーワードを暗記したような場合に，どのようにして，これを文章として復元していけば良いのか，その具体的な方法である。

　たとえば実現主義の定義とその採用根拠に関するキーワードを次の通り暗記できたとする。

> **例** 実現主義の定義とその根拠
>
> 《キーワードの暗記》
>
> 1. 実現主義の定義
>   - （1） 実現の時点で収益を認識
>   - （2） 実現とは　→　財貨又は用役の移転
>   　　　　　　　　　→　現金又は現金等価物の取得
>   - （3） 具体的な適用は，販売基準
> 2. 実現主義の採用根拠
>   - （1） 貨幣性資産の裏付けと利益の処分可能性
>   - （2） 販売の事実による客観的な裏付け

ケース1 箇条書きのケース

キーワードをそのまま箇条書きにしたものである。もちろん知識がある者（採点者）には，何を説明しようとしているかは判明するが，残念ながら記述式の解答ではないため合格答案ではない。

> **問題** 実現主義について下記の設問に答えなさい。
>
> **設問1** 実現主義について，その定義を示しなさい。
>
> > （1） 実現主義は，実現の時点で収益を計上する
> > （2） 実現とは次のことを示す
> > 　① 財貨又は用役の移動
> > 　② 現金，現金等価物の受入
> > （3） 販売基準に適用される。
>
> **設問2** 収益の計上基準に実現主義が採用される根拠を説明しなさい。
>
> > （1） 利益の処分可能性
> > 　　　　　　以下省略

ケース2　短いが文章にしたケース

箇条書きから一歩進んで，短いが文章として実現主義を説明したものである。文章そのものは，まだ未熟であるが，このような文章を何度も書くことにより少しずつ脈絡のある文章が書けるようになる。

問題　実現主義について下記の設問に答えなさい。

設問1　実現主義について，その定義を示しなさい。

> 収益を認識するための基準に実現主義がある。この実現主義は，財貨又は用役が移転し，その対価として現金などを受け入れることをいう。このようなことから実現主義は販売基準に適している。

設問2　収益の計上基準に実現主義が採用される根拠を説明しなさい。

> 利益は処分されなければならないので，販売により受け入れることになる貨幣的資産を受け入れることが重要である。このため販売による事実が確実になるので収益の計上基準になる。

（注意）会計用語の点検
　　　　文章は，未熟であったとしてもいたしかたない。しかし，記述されている会計用語（キーワード）等は正しく用いられているか細かくチェックすること。

> **ケース3** 比較的完成した文章のケース

キーワードを正しく暗記して，何度か自分で実現主義の文章を書くうちに，少しずつ完成された内容になる。下記の程度まで書けるようになれば，ほぼ完成と考えても良いのではないであろうか。

問題 実現主義について下記の設問に答えなさい。

設問1 実現主義について，その定義を示しなさい。

> 　　実現主義とは，収益を実現という事実を根拠に認識しようとするものである。
> 　　この実現とは，財貨又は用役の移転，これに対する現金若しくは現金等価物の取得をいう。この実現は，企業の保有する財貨，用役の販売という事実に求められるため，販売基準に適用されるのが一般的である。

設問2 収益の計上基準に実現主義が採用される根拠を説明しなさい。

> 　　利益は処分可能性が考慮されなければならない。このため販売の事実による収益の発生と，これに伴う利益の貨幣性資産の裏付けが得られるため実現主義が採用される。
> 　　実現主義には，客観性が必要である。そのため販売先や販売価額などが明らかになるため販売の事実にその根拠が求められる。

（（第3章））

理論暗記クリニック

この章の狙い

この章では、実際に受験生が理論暗記をする際に、悩んでいることをどのようにすれば解決することができるか診察します。多くの受験生が暗記について悩んでいる共通項目ばかりです。自分の症状と同じものを探して処方箋にして下さい。

1
初心者の暗記のための治療薬

1. 理論暗記のセオリーはあるのですか？

> **相談1**
> これから理論を暗記しなければならないのですが，何かオーソドックスな暗記方法があったら教えて下さい。

症状

税理士試験の理論暗記は，高校や大学受験また定期試験などでは経験したことのない特別なものです。

財務諸表論で早い時期に，暗記の方法を身につければ，大きな自信になり，合理的な学習時間の配分ができ，計算の学習にも大きく影響します。

また，財務諸表論の後に学習する法人税や消費税などの税法理論のマスターにも大いに役立つはずです。

> **治療方法**
> 紹介する方法を参考にして理論暗記をすると良いでしょう。皆いろいろな方法を工夫しているようです。自分では，これだという方法を探し出す工夫もしてほしいですね。

1．暗記の前に理解を!!

　人間は，理解していないものは暗記できないといっても過言ではありません。宿題になっている部分や暗記しなければならない部分をじっくり読んで，その内容や語句の意味を良く理解しましょう。

2．全体を把握する

　暗記しなければならないものの全体を良く見て，どこが重要な部分か，また逆に暗記の必要ない部分はどこなのか，大きな組み立てをして，どこから暗記するか決めて下さい。

3．暗記グッズの作成

　上記の把握により，具体的な暗記のための道具を作成します。理論テキストの縮小コピーや暗記カードなどいつも携帯して暗記可能なものを作成して下さい。

4．タイトルなどの暗記

　細部を暗記する前に，全体の大きなタイトル，その中の小さなタイトルなどを先に暗記してしまうのも良い方法です。

5．暗記の作業

　あとは，暗記する文章を細分化（分節など）して，その細分化したセンテンスごとに理論を暗記していきましょう。

2. 暗記の分量が多くて，やる気がしない

> **相談2**
> 専門スクールの通信教育で財務諸表論の受験勉強をしています。先日，スクールから理論用テキストが送られてきました。これを全部暗記するのかと思い，急に受験の自信がなくなってしまいました。

症状

初心者の誰にでも見られる症状です。会計学は，いままで経験したことのない学習ですから，誰でも最初は驚いてしまいます。しかし，税理士試験の受験生は，これ以上に暗記をして，合格の栄冠を勝ち取っています。

心配したり，悩んだりするよりとにかく覚悟を決めて，1日も早く暗記に取り掛かった方が良いでしょう。悩むよりスタートしてしまえば，少しずつ前に進むことができます。

治療方法

税理士試験に限りませんが，理論暗記が得意だという方はいないはずです。ごくまれにですが，一夜漬けなら得意という方もいるようです。しかし，財務諸表論の暗記が一夜漬けと違うのは，整然とした理論を暗記して，これを長い理論では1年近くも暗記しておかなければならないという点です。

財務諸表論の合格を勝ちとるための秘訣は，理論の征服にあります。学習時間はもちろんですが，できるだけ理論を中心としたような学習計画を立てるようにして下さい。

計算の仕上り程度などにもよるのですが，入門期は計算中心の学習で良いのですが，学習が進むに応じて理論学習のウエイトを増して下さい。

財務諸表論の学習目安

計算学習 （30%）	理論暗記 （70%）

（注意）割合の目安
　　学習時期を考慮せず，全学習時間の配分割合です。学習初期と完成期ではその割合がまったく異なります（☞P.48参考）。

　専門スクールの通信教育でも，毎回に進む分量はそれほど多くはないはずです。毎回講義終了後に，講義の復習をして，その内容の理解をしましょう。それから，暗記用のツール作成，暗記のプランなどを立てて前向きに理論暗記に取り組みましょう。

　暗記ペースが遅れれば遅れるほど，追いつくのが困難になります。これから暗記をという方は今日（今回）学習した項目から早速暗記を開始して下さい。

3. 文章の暗記はどうやってするの

> 🎤 **相談3**
> 　会計用語などの単語やキーワードは，少しずつ暗記することができるのですが，企業会計原則や注解のように長い文章をそのまま暗記することができません。どのようにすれば，長い文章が上手く暗記できますか。

🩺 症状

　長い文章の暗記には，それなりの暗記の方法があります。この方法をマスターすれば，長い文章も比較的容易に暗記することができます。
　長い文章の暗記のコツは，短く区切って，繰り返し口頭で反復して憶えるのが一番効果的です。

> ### 🍬 治療方法
> 　長い文章は，何度読んでも憶えることはできません。何度も読んだりするのではなく，次の方法で暗記をするように心掛けて下さい。
>
> ▶例◀　資本取引と損益取引との区別について（企業会計原則，注解2）
> 　（1）　資本剰余金は，資本取引から生じた剰余金であり，利益剰余金は損益取引から生じた剰余金，すなわち利益の留保額であるから，両者が混同されると，企業の財政状態及び経営成績が適正に示されないことになる。従って，例えば，新株発行による株式払込剰余金から新株発行費用を控除することは許されない。
> 　（2）　商法上資本準備金として認められる資本剰余金は限定されている。従って，資本剰余金のうち，資本準備金及び法律で定める準備金で

資本準備金に準ずるもの以外のものを計上する場合には，その他の剰余金の区分に記載されることになる。

Step 1　短い分節に分けてみる

① 資本剰余金は，資本取引から生じた剰余金であり
② 利益剰余金は損益取引から生じた剰余金
③ すなわち利益の留保額であるから
④ 両者が混合されると
　　　　　　　　　　　　︙

（注意）　分節は句読点（,）にこだわる必要はありません。自分のイメージで適当な所でいくらでも区切ってかまいません。

Step 2　分節ごとに暗記

比較的暗記しやすい規定であると思われます。

まず①を口頭で何度も復唱しながら完全に暗記します。

次に②を同様に単独の分節で暗記したら，①と②を続けて復唱できるようにします。

さらに③だけを単独で暗記して，暗記ができたら①と②と③を続けて復唱できるようにしましょう。

Step 3　時間が経ったらまた確認

せっかく暗記しても，残念ながらすぐに忘れます。その時は，再度Step②を繰り返しましょう。幸いなことに今度はずっと短い時間で全ての暗記ができます。これが復唱による暗記の不思議なところです。

Step 4　少し書いてみる

Step②，③で暗記ができるようになったら，簡単にで良いですから，自分の手でメモ用紙などに暗記した内容をゆっくり書いてみましょう。これが完全にできればOKです。

4. なんで計算中心では駄目なの

> **相談4**
> 本試験の配点は計算も理論もそれぞれ50点ずつ，自分は計算が得意なので，計算で40〜45点，理論で15〜20点程度で合格できると考えて学習をしています。理論の暗記が，なぜそんなに大事なのか，その理由が分かりません。

症状

学習初期の入門者に多い症状です。比較的計算の知識がある方で，計算が得意だという受講生は，本気で上記のような得点により，本試験が突破できると考えています。

残念ながら，本試験の計算問題（第3問）で40〜45点の得点は不可能です。やはり25〜35点程度と考えるのが妥当です。

これから学習が進んで，専門スクールの講義を受講していると，そのことは実感できます。講義での理論の時間数が増えることや，定期テストでも計算の点数が伸びなくなってくることが，何よりこれを証明しています。

治療方法

今後は，理論暗記をしなければならないという，意識改革をしなければなりません。財務諸表論の試験では，計算問題はできて当たり前，合否は理論問題で決まると考えた方がいいでしょう。

早い時期に，この意識改革をしなければ，直前期になり取り返しのつかないことになります。くれぐれも注意して今後の学習計画を立てて下さい。

計算と理論の得点分布

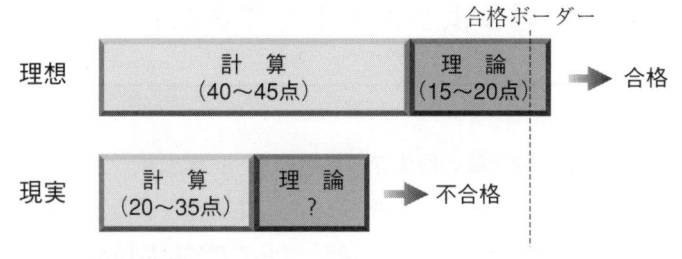

```
                                      合格ボーダー
理想   │   計 算       │  理 論     │
       │ （40～45点）  │（15～20点）│ ➡ 合格

現実   │  計 算    │ 理 論 │
       │（20～35点）│  ？   │ ➡ 不合格
```

（注意）理想と現実
　　財務諸表論の学習者は，皆計算で得点を稼いで，あとは理論でと考えています。
　　しかし，実際は計算でも高得点を出すことは大変に困難であり，理論の方も，採点は厳しいのが現実です。根本的に，計算重視という学習思考が，間違っています。

　まず現在の学習計画そのものを，計算中心から暗記も並行して行う学習内容に変更しましょう。といっても財務諸表論の理論暗記は，机に向かって行うというものではありません。いままで暗記をしていなかった時間，たとえば通勤時間などを使って，勇気を出して暗記をするように心掛けて下さい。

　とにかく理論暗記を甘く見てはいけません。あなたの理論学習（暗記）への取組み方が，合否の鍵を握っています。

5. 暗記が思うように上手くできない

> 🎤 **相談5**
>
> 今日から財務諸表論の理論学習を始めて，企業会計や会計公準など次から次と新しいことが出てきて，暗記して書けるようにしようと思うのですが，書くことはもちろん暗記すらできていないようです。
>
> 専門スクールでも暗記の方法を教えてくれるので，その通りやっているのですが……

🩺 症状

初心者によくある暗記不安の現われです。会計学というものに初めて触れて，これを試験のために暗記しなければならないというあせりが，初心者には誰にでもあります。これが自分は暗記ができないという不安な気持にさせる原因です。けっして遅れているわけでもないし，他人が自分よりももっと上手く理論暗記をしているわけでもありません。

💊 治療方法

会計学の理論は，けっしてやさしい内容ではありません。入門時期に学習する企業会計や会計公準などは大変に概念的な部分です。このような範囲は，正直なところなかなか暗記は苦しいものです。

また入門段階では，ひとつのことを暗記するために多くの時間が必要です。しかし，これも自分に合った暗記の方法を探すまでです。少しずつ暗記にも慣れれば，暗記そのものにそれほど時間を費す必要はなくなるし，要領よく暗記ができるようになります。

> **入門時に暗記に苦しむ領域**
>
> 1. 企業会計の意義
> 2. 企業会計の領域
> 3. 会計諸則
> 4. 会計公準
> 5. 会計構造論

　会計学全般を学ぶにあたり，受験生には大変に辛いことなのですが，どうしても，入口の学習内容は，概念的なものになりがちです。初心者に入門段階で，そのような難しい内容について説明したくはないのが本音です。しかし，これらの基礎となるべき内容を学習してからでなければ，これ以降に学習する項目に進むことができないため，やむを得ないカリキュラムなのです。

　暗記は，根本的に消極的な気持を持って臨んではいけません。辛いとか嫌いだとか，マイナスのイメージは禁物です。そもそも暗記の能力には，各受験生に大差はありません。コツコツと繰り返し暗記して，何度忘れても憶え直す気持の方が大事でしょう。

第3章　理論暗記クリニック

6. 年齢のせいかどうも丸暗記が……

> 🎙 **相談6**
> 　暗記しようとするのですが，年齢のせいでなかなか暗記が上手くできません。また，一度憶えたつもりでもすぐに忘れてしまうし，他の項目を頭に入れると先に暗記したものも忘れてしまいます。努力はしているつもりなのですが……

症状

　比較的年齢の高い方，といっても30代後半くらいの方から良く聞かれる相談です。実際にまだまだ30～40代であれば，記憶力は低下しているわけではありません。自信を持って暗記をすべきであり年齢を理由にして劣等感を持ってはいけません。コンプレックスを解消するための方法をお話しします。

治療方法

　人間の脳は，年齢に応じた働きをします。子供の頃は，言葉やいろいろな物事を吸収し，学校に入るとしばらくの間は学習のために脳は働きます。さらに年齢を追うと人間の脳は，自分のまわりに起こるいろいろな物事を解決するために最大限の働きをします。どうでしょう，いま年齢のせいで暗記ができないと悩んでいる方達は，大学生などのように学習のために頭を使っているでしょうか。

　残念ながら，学校を卒業してしまうと，物事を学問的に考えたり，これを知識として吸収する作業はほとんどしなくなってしまいます。ですから，まずこのしばらく使っていない脳細胞を学習モードに切り替えなければなりません。財務諸表論の初段階は，まさにこんな時期に当たります。

もうしばらくがまんして暗記をするようにして下さい。

ただ現実には，暗記には若い頃に較べて，これからも少々時間が掛かるのは事実です。しかし，若い人が短い時間で憶えたことを短時間で忘れてしまうのに較べて，年齢を重ねた方の暗記は時間を掛けて暗記した分だけ，忘れるのにも時間が掛かります。

暗 記 時 間 と 記 憶 量 の 関 係

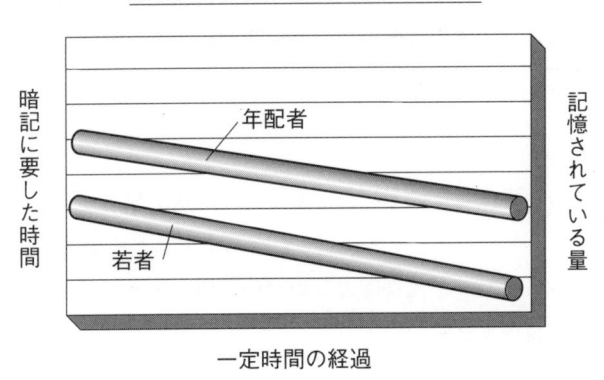

暗記に要した時間

年配者

若者

記憶されている量

一定時間の経過

また，一夜漬けやマル暗記なども若い受験生には残念ながら歯が立ちませんので，必ず時間のゆとりを持ってゆっくり暗記をするように心掛けて下さい。初めにもお話ししましたが，暗記できないことを年齢のせいにしていると，このコンプレックスがストレスになりかねないので注意しましょう。

7. 暗記に人の倍以上時間が掛かる

> **相談7**
> 専門スクールで友人達と話しをすると，皆すごく短時間で暗記をしているようです。どうも私は皆の倍以上の時間を掛けて暗記をしなければ安心して次の講義の復習テストに臨むことができません。

症状

他人と自分のさまざまな能力に差があるのは，残念ながら事実です。私達は100mを9秒台で走ることもできないし，ベストセラーの小説を次々と書くようなこともできません。平凡な能力しかない人間が少々努力をすれば，誰でも合格できるのが税理士試験です。

コンプレックスを持たずに，あなたの倍のスピードで理論暗記ができる友人よりも，自分の方が優れている何かを見つけて，それに誇りを持って学習をして下さい。

治療方法

私も受験生の頃に，同じ悩みを持っていました。やはり暗記の早くできる友人の中には，私の $\frac{1}{3}$ 程度の時間で理論を憶えることができる者もいました。彼らは，特殊な方法で暗記をするのではなく，理論テキストを縮小コピーして常に携帯したりして暗記をしていました。

ある時，その友人に私の悩みを打ち明けて，理論暗記の方法を聞いてみたことがあります。彼が言うには，暗記は集中力だと言うのです。つまり暗記しようとする時は，頭の中を白紙にしてそのことだけに集中するのだそうです。どこにいても，どんな状態でも暗記をする時には徹底的に精神

を集中するとのことでした。

　その話を聞いて，私のそれまでの暗記を考えるとたしかに少々雑念が入っていたのも事実です。しかし，けっしてテレビを見たり，音楽を聴きながら暗記をしていたわけではありませんから，精神を集中すると言われても困ったなあという印象しかありませんでした。

　しばらくして，自分で暗記をしている時でしたが，集中力の意味が分かりました。暗記をしながら，やはり頭の片隅で別なことをボンヤリと考えているというよりもイメージしているのです。やはり私の友人の集中力を高めることが，記憶力を高めることと関連していたようなヒントを手に入れました。

速効性のある暗記方法

1. 早朝など，頭の回転が良い時間を選ぶ
2. 一度憶えて忘れて，また憶えるサイクルを繰り返す
3. 集中できる場所なり方法を考える
4. 暗記の際に，気持に少しプレッシャーを掛ける

8. 講義の直後に暗記をしているのですが

🎤 相談 8

専門スクールの講義が終わるとすぐに暗記をするように心掛けています。でも、ただ暗記をしているだけで、他の項目との関連などの問いには答えられません。暗記の方法が間違っていますか？

症状

これは、理解をしないで暗記をしている典型です。テストの問題でも、「○○の意義について説明しなさい」という問いには解答できるのですが、これに関連する内容になると何も書けないという症状です。

> **問題** 実現主義について下記の設問に答えなさい。
>
> **設問1** 実現主義の意義を述べなさい。
>
> > 財貨又は役務が取引先に移転し、これに対する現金又は現金等価物を取得することを示す。
>
> 〜
>
> **設問5** 長期請負工事に実現主義が用いられて収益が計上される場合に、会計上問題点がある。これについて論じなさい。
>
> > 長期請負工事に実現主義を適用するのは工事完成基準である。この方法によれば……？？？

🪙 治療方法

　財務諸表論の暗記は，会計理論を受験用にマスターすることです。したがって会計理論に関する理解なくして，これをそのままマスターしようとするのは間違った暗記の方法です。

　専門スクールの講義でも通信教育の資料でも，とにかくその内容を自分で納得するまで理解して下さい。理解なしに暗記しても，本当に知識として定着しているわけではありませんから，設問としてストレートに問われた場合は，解答できますが，本質を問われたり，他との関連を問われた時には，何も解答することはできません。

理 論 暗 記 の 基 本 サ イ ク ル

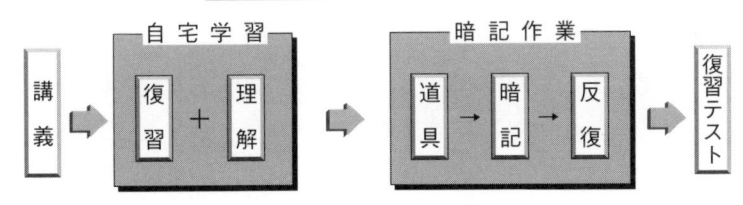

講義 ➡ 自宅学習［復習 ＋ 理解］ ➡ 暗記作業［道具 → 暗記 → 反復］ ➡ 復習テスト

（注意）基本サイクル
　　　暗記のためには，その準備として，その内容を充分に理解しなければなりません。また暗記の作業は憶えて，忘れて，また憶えることの繰り返しです。

　暗記しなければならないという気持が先行してしまい，充分な理解がないまま暗記することは貧弱な知識しか身につきません。テキスト等の行間を読むくらいの気持で，何度もその内容を検討して下さい。

　暗記に対する情熱は分かりますが，くれぐれも知識を吸収する順番は間違えないようにして下さい。

9. 暗記してもすぐに忘れてしまう

相談 9

　苦労して暗記しているのですが，本当にすぐに忘れてしまいます。自分は，それほど物忘れのひどい方ではなく，逆に何でも憶えているタイプだと思っていましたが，財務諸表論の理論だけは，不思議なくらい忘れてしまいます。どうしたら，いつまでも暗記がしていられるでしょうか。

症状

　一般的な症状です。受験生は誰でも，暗記したものは遅かれ早かれ忘れます。人間の頭に記憶されるものには，さまざまなものがあります。一度体験しただけで一生記憶から消えないものや，昔の記憶があることを原因として急によみがえったりすることがあります。

　残念ながら，私達が暗記している財務諸表論は，短期的な記憶です。そのためすぐに忘れてしまうのが人間の脳の生理なのです。

治療方法

　人間の記憶は，いくつかに分類されます。財務諸表論の暗記した記憶はどこに位置しているのでしょうか？

記憶の分類パターン

区　分	短 期 的 記 憶	長 期 的 記 憶
浅い記憶	今日起きたおもしろいエピソードなど	個人的な悲しい（嬉しい）エピソード
深い記憶	財務諸表論の理論暗記	スポーツなど体で会得したもの

私達が暗記している財務諸表論の記憶は，短期的かつ深い記憶に分類されています。この深い記憶という分類に疑問のある方もいると思います。私達の理論暗記は，短期的なものですから，いつまでも記憶に残ることはありません。これを深い記憶にするためには，何度も暗記を繰り返さなければならないということです。
　質問のあったすぐ忘れることは，当然のことと考えて，とにかく何度も繰り返し暗記をすることが大事なことです。

暗記サイクルの例

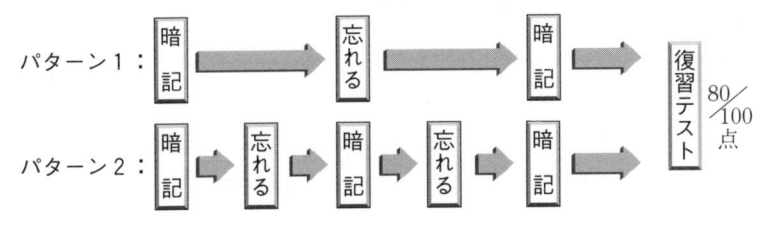

パターン１： 暗記 → 忘れる → 暗記 → 復習テスト 80/100点

パターン２： 暗記 → 忘れる → 暗記 → 忘れる → 暗記 → 復習テスト 80/100点

（注意）暗記サイクル
　　一度忘れてテストに臨んでも，２度忘れて２回暗記しても，復習テストの出来映えは，同じかもしれません。しかし，その後の記憶の定着度を考えると，何度も忘れて憶える方が理想です。

2 間違っている暗記方法の処方箋

10. いくら読んでも憶えられない

> **相談 10**
> 暗記するつもりでテキストを読んだり，テキストの縮小コピーを持ち歩いて何度も目を通しているのですが，頭の中に入りません。自宅の机に向かって理論をやろうとするとすぐに眠くなってしまい，ほとんど暗記することはできません。

症状

　財務諸表論の理論は，残念ながらいくらテキストを読んでも暗記をすることはできません。講義をきちんと聴いて，アンダーラインやメモ書きなどの書き込みをかなりしたものであっても，テキストは知識を吸収（広げる）するための道具にすぎません。

　あなたのテキストを読んで暗記しようとする気持は，真剣でいいのですが暗記の方法が，根本的に間違っています。今後は，次に紹介する方法で暗記をするようにして下さい。

処方箋

物事を暗記するには，いくつかの方法があります。たとえば漢字などのように書いて憶えるもの，九九などのように復唱して暗記するもの，歴史の年号のようにゴロ合わせで憶えるもの，ピアノなどのように道具を使って体で記憶するものなどさまざまな方法があります。

財務諸表論の理論暗記の方法として考えられるのは，書いて憶える方法，読んで憶える方法，口頭で復唱して憶える方法のいずれかだと思います。この3つの方法の中でも，一番合理的な暗記の方法は，口頭での復唱による暗記です。

財務諸表論の理論暗記

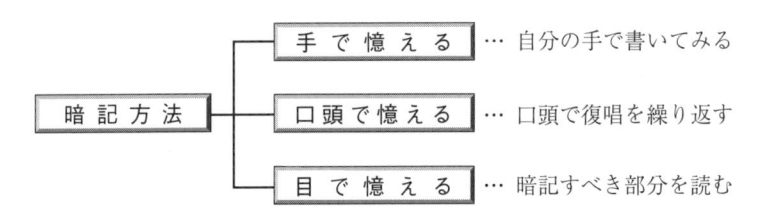

暗記方法	手で憶える	… 自分の手で書いてみる
	口頭で憶える	… 口頭で復唱を繰り返す
	目で憶える	… 暗記すべき部分を読む

（注意）合理的な暗記術
　　　税理士試験の受験生の多くは，口頭による復唱という方法で暗記をしているのが一般的です。つまり口頭で暗記するものをブツブツ繰り返しながら暗記しているのです。他の方法は，理論暗記にはあまりお勧めすることはできません。

理論を暗記するための道具として，テキストを縮小コピーしたものを紹介しました。これは，読むためのものではありません。これは，自分なりにテキストに記述されている文章を細分化して，暗記するための道具として携帯するものです。

ただテキストを読むだけではなく，暗記するんだという明確な気持ちを持って，テキスト等の文章と向き合って下さい。また，机に向かって眠くなってしまうのは疲れている時ではないでしょうか。このような時は，脳も働きが低下しているので，暗記は避けた方がいいでしょう。

11. 企業会計原則など何度書いても憶えられません

🎤 相談 11

専門スクールの宿題で，「正規の簿記の原則」をそのまま暗記してくるのが宿題になりました。自宅でメモ用紙に何度も書いて憶えたつもりですが，翌日になると完全に書くことはできません。ずいぶん時間を掛けて暗記したつもりなのに不思議です。

症状

財務諸表論の理論，とりわけ会計諸規則は手で書いて暗記する方法は，適切な方法ではありません。テストなどでこのような諸規定（企業会計原則等）の記述が要求される時は，そのままの内容を答案用紙に記述しなければならないので，一字一句完全に暗記していなければなりません。

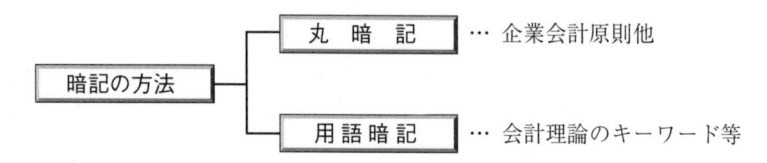

```
                ┌─ 丸 暗 記 ─── … 企業会計原則他
 暗記の方法 ─┤
                └─ 用語暗記 ─── … 会計理論のキーワード等
```

（注意）暗記内容の区別
　　　　財務諸表論の暗記には，企業会計原則などのようにそのまま丸暗記しなければならないものと，ある程度のキーワードを暗記して自分で理論を組み立てる内容のものの2種類があります。
　　　　ここでは，前者の丸暗記しなければならないようなものを前提にして説明しています。

🩹 処方箋

私達の記憶を辿ると，手で書きながら暗記したものには何があるでしょうか。かなり古い記憶ですが，小学生の頃にひらがなや漢字を何度も書い

て憶えた記憶があります。

　また，中学生になり英単語なども，何度も書いて憶えた記憶があります。これ以外にもさまざまなものを書きながら憶えていると思います。

　さて漢字や英単語は，なぜ手で書いて憶えるのでしょう。それは文章を書く際に，自分の手でこれらの文字を実際に書くからなのです。つまり，手を通して頭の中に入れたものを，また手を使ってアウトプットさせることを前提にした暗記の作業なのです。

　ところが，財務諸表論の暗記，とりわけ諸規定を暗記する方法として手で書いて記憶するというのは，正しい暗記の方法とはいえません。結局，何度も書くことにより，反復されて記憶されているのですが，そのためには相談にある通り，相当な時間を要しているはずです。

　むしろ，諸規定の暗記よりも，会計用語のキーワードなどは，短い語句として書いて憶えるには適切かもしれません。

12. 講義で引くアンダーラインは何の目的

🎙 相談 12

専門スクールの通信教育を受講しているのですが，テープの中で担当講師が理論テキストにアンダーラインを何本も引くように指示します。指示に従って，教材に2本線や波形の線を引きますが，何の目的なのか良く分かりません。

症状

専門スクールの講義内でテキスト類に引くアンダーラインは，基本的には重要な意味があるということです。テキスト類の中には，すでに語句や文章がゴジック体などにより太い文字になった部分もあります。

講義内で引いているアンダーラインは，会計学上，重要性があるので意味を理解するとか，文章をできるだけそのままの状態で暗記せよとか，重要な用語であるというような意味で，それぞれの指示が与えられているのです。

処方箋

財務諸表論の講義内容でも，計算に関する講義は計算の範例を用いて，実際に計算の手順などを説明し，財務諸表へどのような表示が行われるかにより行われます。

しかし，理論の講義は，そもそも会計学というレベルの高いものを初心者に指導するので，これを理解させるためには担当講師も大変に苦労します。テキスト類も，そもそも会計学という内容なので図表を入れるにも限界があり，どうしても文章が中心のものになってしまいがちです。

そこで，講義の中で，会計理論をより鮮明に理解させることを目的に，

テキストの内容に強弱をつけるために行うのが，このアンダーラインを引くことなのです。

（テキストより）

§2 棚卸資産の費用化の方法

　棚卸資産の取得原価は，消費された払出原価に係る部分が当期の費用となり，期末までに払出しが行われなかった部分は，期末棚卸高として翌期に繰り越され，次期以降に費用化される。

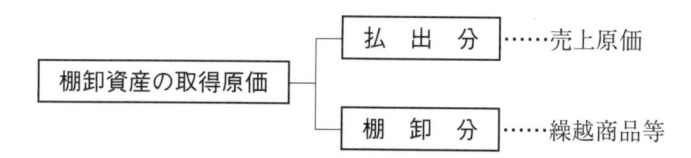

```
                          ┌─ 払 出 分 ……売上原価
棚卸資産の取得原価 ───┤
                          └─ 棚 卸 分 ……繰越商品等
```

　このセクションでは，棚卸資産の費用化に関して，消費された棚卸資産の原価がどのようにして把握されるかについて学習する。この消費量の計算は，数量面と価格面を基礎にして払出数量に払出単価を乗ずることにより計算する。
　この消費量を把握するための払出数量と払出単価の求め方には次の方法がある。

（例）
- ══ 部分 …… 最重要部分なので暗記する
- ── 部分 …… 会計学の取扱いの説明として理解する
- ～～ 部分 …… ここでの取扱いテーマは何かを示す
- ── 部分 …… 会計用語としてマスターする

13. 効果的な記憶定着の方法はありますか

> **相談 13**
> せっかく苦労して暗記した理論なので，できるだけ忘れないようにそのままの状態で長く記憶しておくために，何か具体的な方法があれば教えて下さい。

症状

　これは，税理士試験の受験者に限らず，学習をしている者全ての願いです。この記憶を定着させることに成功すれば，どのような試験も鬼に金棒です。
　まあ，完全にとはいえませんが，記憶をできるだけ長く定着させる暗記の方法を紹介します。

> **処方箋**
> 次の点に注意しながら暗記をしてみましょう。
>
> **準備段階**
>
> **1. やる気とプレッシャー**
> 　　丸暗記を始める前に「さあやるゾ」という気持と，いついつまでにこれを暗記しなければいけないという目的意識をはっきり持つこと。辛いとか嫌だという気持は禁物。
>
> **2. 丸暗記でなく意味暗記**
> 　　意味も分からず，丸暗記は駄目。必ず内容を理解してから暗記すること。

実 践 編

1. 一夜漬けは禁物

暗記はマイペースを心掛けること。一夜漬けの暗記は，最も早く記憶から消えてしまうので要注意。年齢，環境に合った暗記をすること。

2. 口頭で復唱するのが基本

暗記しようとするものをただ読んでいても，手で書いても暗記はできない。暗記は，必ず口頭で復唱して行うこと。

3. 短い区切りで，何度でも

長い規定や文章は，自分で適当に区分して，それを繰り返し復唱するのが暗記のコツ。復唱する時のリズム感のようなものも大切に。

定 着 編

1. 再度確認を忘れずに

今日暗記した内容は，明日になったらもう一度，翌々日にもう一度というふうに何度も繰り返し目を通すのが，記憶定着のためには大事なこと。

2. 最後は手書きで確認

本当に記憶として定着すれば，いつでも書くことができるはず。本物かどうかは，手で書くことで確認すること。

14. 関連づけた暗記がしたいのですが

> **相談 14**
> 今暗記している内容が、他の部分と関連性をまったく持っていない暗記なので、もう少し他の項目と関連性を持ちながら、意味のある暗記ができないかどうか悩んでいます。せっかく憶えるなら、もうワンランク上を目標にしたものにしたいと思います。

症状

大変に贅沢な悩みかもしれません。学習の入門期には、指示された箇所を部分的に少しずつ暗記するしかありません。これは、入門期から大量の暗記をさせても意味がないからです。

今は、指示された通り、会計の諸規定（企業会計原則、同注解等）をそのまま暗記するように努めて下さい。

処方箋

会計学は、大変に奥が深く純粋に学問として研究しても、とても興味深い分野です。受験生の中にも、受験の領域を超越して、税理士試験の後で大学院などで本格的に会計学の研究を始める者も珍しくありません。

財務諸表論における会計学の学習を始めたばかりの受験生は、とにかく専門スクールなどで、重要であると指示された部分を地道に暗記するしかありません（やる気を出して、指示された部分以外を暗記しても、後でまったく必要がなかったということもありますから要注意）。

入門期には、指示された部分だけをマスターして、後日関連する内容が出てくれば、必ずその内容との関連づけにより一歩深い意味が、理解でき

るようになるので，それまでは特に現状で良いと考えて下さい。

▶例◀　明瞭性の原則
　　1. 明瞭性の原則の意義　┐
　　2. 明瞭性の原則の必要性　┴──▶ Lesson①
　　3. 明瞭性のある財務諸表　……▶ Lesson②
　　4. 会計方針・後発事象の開示　……▶ Lesson③

Lesson①
　1.～4.の全ての項目を入門期に学習したとしても，ここで暗記するのは，次のことだけで十分です。
　　①　「企業会計原則の明瞭性の原則」を丸暗記
　　②　その必要性として「誘導的に作成された財務諸表」「有用な情報の公開」「ミクロ，マクロ的な情報提供」などキーワードの暗記

Lesson②③
　今回は，その内容さえ把握しておけば良い。特に会計方針等の開示は全ての計算項目が完了してからマスターする指示があるはず。

15. 暗記ツールに時間が掛かってしまい……

> 🎤 **相談 15**
>
> 　暗記ツールをいくつか試してみました。自分では，Ｂ６判両面のカードが使いやすいので，これを本試験までの暗記ツールにしようと考えています。
> 　しかし，1枚作るのに時間が掛かりすぎて，手の込んだカードだと作るのに1時間以上掛かってしまうこともしばしばあります。できあがったものは立派なのですが……

🩺 症状

　あなたは，何にでも凝り性の方ではありませんか。暗記カードなどの暗記用ツールは，暗記を補助するための道具にすぎません。どんな立派なカードを作ったとしても，カードの中身が暗記できていなければまったく意味はありません。カード作成は，ほどほどにして，暗記する時間をたっぷり用意しましょう。

💊 処方箋

　暗記用ツールも，テキストの縮小コピーは別として，Ｂ６判のカードや暗記用ノートを作るとすれば，どのぐらいの内容にするのか大変に悩むところです。簡単に作れば，その時はいいのですが，後から反復練習する時に，内容が不十分であれば大変に困ります。また逆に内容を丁寧にしすぎると，質問にあるように作成に時間が掛かりすぎてしまい，暗記の時間を圧迫することになってしまいます。
　暗記のための消耗品と割り切って，カードを作るのが一番いいでしょう。不足している項目は，後でいくらでも追加できます。

ケース1 省略したケース……表面

問題　固定資産の意義と分類（有形固定資産）
1. 固定資産の意義
2. 固定資産の分類
3. 有形固定資産の意義
4. 有形固定資産の分類

ケース2 詳細なケース……表面

問題　固定資産の意義と分類（有形固定資産）

1. 固定資産の意義
　　　①　　　②

2. 固定資産の分類
　(1) 形態別分類
　　　①　　　②　　　③　　　←具体例
　(2) 機能別分類
　　　①　　　②

3. 有形固定資産の意義
　　キーワード　①　　　②　　　③

第3章　理論暗記クリニック

16. 暗記に計画性がなくいつも一夜漬けに

> **相談 16**
> 専門スクールで，毎回暗記しなければならない課題が出されるのですが，計画的に暗記をすることができません。憶えよう憶えようと思っていても結局前日の夜に暗記をすることが多くなってしまいます。計画的な暗記は，どうすればできるのですか。また一夜漬けは暗記の良い方法ですか？

症状

症状は無計画暗記症候群と一夜漬依存症です。一般的な受験生の多くは，このいずれかを患っています。しかし簡単に直すことができますから安心して下さい。次の治療方法をさっそく実行することをお勧めします。

処方箋

① **無計画暗記症候群の治療**

理論の暗記が，計画的にできないということに，言い訳はできません。というのは，財務諸表論の理論は自宅の机に向かってやるべき学習ではなく，いつでもどこでも暗記できるものだからです。

暗記しなければならないテーマ（規定，理論）の，どこをいつまでに暗記しなければならないと自分で決めて，その期限までに通勤，通学などの時間を使いきちんと暗記しましょう。

全体の暗記を漠然といつまでよりも，ここはいつまで，この部分はいつということを細分化することによりやる気が出てきますから，計画的な暗記ができます。

> **問題**　繰延資産について
> 1. 繰延資産の意義 ……… 10月4日（月）往復の通勤電車で
> 2. 繰延経理の根拠 ─┐
> 3. 前払費用との異同点 ─┴ 10月5日（火）往路と営業の移動中に
> 4. 各種の繰延資産 ……… 今回はパス
> 5. 研究開発費の取扱い …… 10月6日（水）時間があれば朝と昼休み

② 一夜漬依存症の治療

　学生時代は，一夜漬けの暗記をした経験のある方も多いはずです。この一夜漬けで，良い成績を取った方は，自分は暗記が得意だという自信を持っているのではないでしょうか。

　残念ながら財務諸表論の暗記は，学生時代にやった一夜漬けの暗記では通用しません。課題になった理論を復習テストで書くことはできますが，その後は驚くほどの速さで記憶から消えて行きます。前述した計画的な暗記をマイペースでするようにして下さい。

17. 休憩を入れずに暗記しているが，あまりはかどらない

相談 17

　主婦の受験生です。専門スクールのない日の昼間に集中して暗記をしています。といっても夕方になると子供達が帰ってくるので，それほど長い時間があるわけではありません。短い時間に，休憩も入れずに理論を暗記しているのですが，夜になって昼間の暗記の確認をすると，思いの外，頭に入っていないような気がします。どうしたらもっとはっきりと記憶できるでしょうか。

症状

　暗記をする時には，集中力は大変に大事なことです。集中力の有無により暗記する量や速さに違いがあります。しかし，何時間（2～4時間）も，この集中力は継続するものではありません。昼間にかなりまとまった時間で暗記時間が取れるのですから，もっと大事にその時間を使って下さい。

処方箋

　財務諸表論の暗記に限ったことではありませんが，学習には必ず休憩が必要です。これは集中した後に，休憩をすることにより，脳が活性化（α波など）し，休憩の後で脳細胞がもう一度記憶を始めるからです。おおむね40分～60分に1回程度，5分～10分の休憩を入れて暗記をするのがベストです。

　休憩をすると，たしかに学習を再開した時にはしばらく集中ができないことがあります。しかし，しばらく時間が経てば，またすぐに集中力は元に戻ります。けっして暗記を無理に詰め込んだりするようなことはしない

で下さい。

休憩時間と暗記量の関係

　120分間を前提にして，連続して学習を継続した場合（ケース①）とおおむね60分経過したところで10分間休憩し残り50分再度学習した場合（ケース②）の学習量の比較をすると次のようになります。

ケース① 120分継続して学習した場合

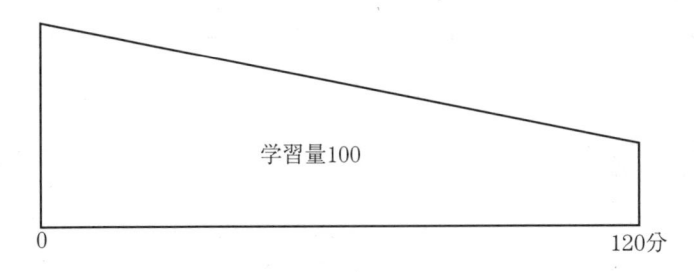

学習量100

0　　　　　　　　　　　　　　　　　　　120分

ケース② 60分で1回の休憩を入れた場合

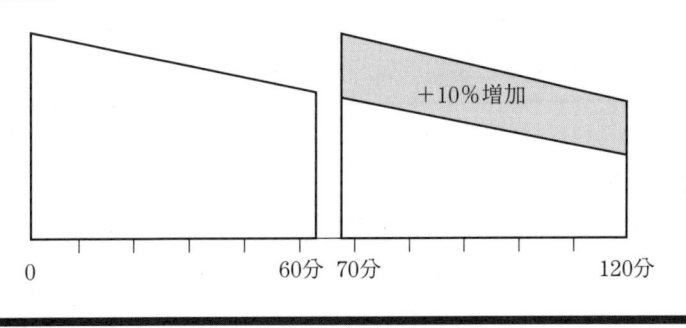

＋10％増加

0　　　　　　　60分　70分　　　　　　120分

3 暗記に良く効く特効薬

18. みんないつ暗記しているんだろう

> 🎙 **相談 18**
>
> 　自分は，サラリーマンだからという理由ではありませんが，理論を暗記する時間がありません。通勤電車の中といわれても朝は超満員で，帰りは帰りでくたくたです。みんなどこでいつ暗記をしているのか不思議でなりません。
> 　いつ暗記をすれば良いのかアドバイスをお願いします。

症状

　自分が理論の暗記ができないことを時間がないことを理由にして，正当化しようとしています。税理士試験の受験生の多くは，社会人であったり主婦や学生です。誰もがけっして学習時間がたっぷりあるわけではありません。苦労しながら計算の学習と理論の暗記を両立させているはずです。次のような方法で，これから理論暗記に取り組んでみたらどうでしょう。

💉 特効薬

　一般的に学習時間を探す時に，思いつくのが睡眠時間を減らして深夜に学習しようという考えです。受験生の立場にもよりますが，朝早くから起きて仕事をしているサラリーマンなどは，深夜の学習はほとんど学習効果はありません。考えてみれば起きてから15～16時間以上経っているわけですから，やる気があるとしても現実的に，脳細胞はすでに正常には働きません。

　通勤時間も，カードなどを持って学習するのではなく，ポータブルレコーダーを使用して耳から暗記する方法ならどうでしょう。これならどんな満員電車でも暗記ができます。皆さんの周りも必ずいるはずです。満員電車でイヤホンをしているのですが，目つきが緊張しているサラリーマンがそうです。最近は，この耳から暗記するためのCDなどが専門スクールから販売されていますので，利用するのもいいかもしれません。

≧ 新しい暗記時間の発見 ≦

1. 目からではなく耳からの暗記方法を検討する
2. 夜ではなく，早朝に30～90分早く起きて暗記する
3. 昼休みに，食後30分をぼんやりしていないで暗記する
4. 営業の移動時間も暗記の時間として活用する
5. 仕事中でも暇な時は，少しだけ暗記してみる（？）

　先輩達もこの暗記時間を作るのには，本当に苦労しています。上記5.の仕事中という冗談のような方法もあります。受講生と話をすると会議中とか，昼間に上司の不在の時や，デスクのパソコンに入力してなどすさまじい方法で暗記をしている方もいるようです。あくまでも参考ですから皆さんはけっしてまねをしないで下さい。

19. 家に帰っても暗記はもちろん勉強のスペースがない

> **🎤 相談 19**
>
> 　3年前に結婚して，昨年長男も生まれました。こんな時代なので，将来のことも考えて独立することも視野に入れて税理士の受験勉強を始めました。しかし，大変なことに気がつきました。自分のまわりには勉強机はもちろん，学習する場所がないのです。どこで勉強すればいいのか，この先不安です。

🩺 症状

　学習する者にとって，この勉強をするスペースがないというのは，大変に深刻な問題です。少なくとも暗記は別として，計算の学習のためには机が必要です。サラリーマンの方であれば，時間も大事ですが，勉強するスペースはどうしても必要です。

　次のような方法を検討しては，いかがでしょうか。

💉 特効薬

その1　早朝の時間を使って，自宅の食卓を拝借

　まず自宅で学習するスペースを検討して下さい。テキスト・問題集を広げて，電卓が使える程度のスペースはありませんか。一般的な家庭には，いわゆる食卓テーブルがあります。しばらくは，これを勉強机にしましょう。しかし，帰宅後や休みの日は家族がいますから，早朝など皆が眠っている間に拝借するのはどうでしょう。皆が起き出す頃には出かけてしまい，少しすいた電車の中で学習の続きをするのも効果的です。

その2　夜間，週末に専門スクールの自習室を利用

　専門スクールには，平日の夜や週末など常に自習室が用意されています。比較的早い時間に退社できる時や週末の土曜日，日曜日などは，この専門スクールの自習室を利用するのも良い方法です。周りは同じ勉強をしているライバルですし，いつも通学しているので環境にも慣れています。多少通学時間のロスがあっても抜群の学習スペースです。

その3　公共の図書館を利用する

　また，公共の場所ですが，図書館はどうでしょうか。最近は図書館によっては，電卓の使える場所もあります。まあ電卓は無理でも，机に向かって静かに暗記するにはもってこいの雰囲気です。

その4　会社のスペースを一部拝借する

　また昼休みや就業後など会社の会議室や打合せスペースなどを利用させてもらえるなら，これも見逃せない学習スペースです。

20. 忘れた理論の暗記はどうやってフォローするの

> **相談 20**
> 　次から次に暗記する課題に追われています。新しい暗記をするのが精一杯で，昔憶えた理論を確認するための時間がありません。月末に専門スクールで実施される定期試験の時には，月初に暗記したものをもう一度ゼロから暗記し直しています。これでは，いつまでたっても暗記した理論が蓄積されないようで不安です。

症状

　これも，ほぼ全員の受験生が悩んでいる症状です。あなただけが特別ということはありませんから安心して下さい。この症状もより効果的に解決することができますし，またケガの功名ではありませんが，意外な効果もあります。

特効薬

　憶えたばかりの理論は，まだ完全に記憶として定着したわけではなく脳細胞の中では，とても不安定な状態にあります。ほんの僅かでも，この理論に目を通さなければ，せっかくの記憶はゼロになってしまいます。

　まず暗記したものを記憶に残すなら，必ず暗記した後に何度も目を通すことです。憶えたと思ったその日の夜，またその翌日，翌々日などできるだけ何度も目を通して下さい。丁寧に復唱できればいいのですが，その余裕がなければ，ただ読み直すだけでも相当な効果があります。

　新しい暗記に100％力を注ぐのではなく，10〜15％ぐらいは，この古い理論を見直す時間に使って下さい。それすら時間が惜しいのはよく分かるのですが，忘れてしまうことを思えば，この忘れ止め防止の時間も大変

に重要です。

> **ポイント** 忘れ止めの特効薬→簡単な見直し時間を用意する

　また，質問にあるように一度憶えたものを再度暗記することは，はじめての時ほど時間を必要としません。それどころか 2 度目，3 度目の暗記を繰り返すことでより鮮明にその内容が記憶されます。これは一度忘れ，また憶え直したことによる効果なのです。

繰り返し暗記の効能

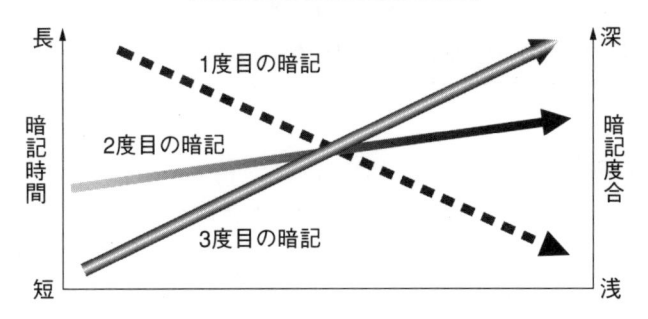

（縦軸左：暗記時間　長／短）
（縦軸右：暗記度合　深／浅）

- 1 度目の暗記
- 2 度目の暗記
- 3 度目の暗記

（注意）暗記度合
　　暗記するのが何回目かにより，その暗記時間と暗記している内容の質量は反比例すると考えて良いでしょう。当然その回数が多くなればなるほど，その内容は完璧になります。

21. 暗記がどうしても深夜になってしまう

> **相談 21**
>
> 会計事務所に勤めながら，税理士試験の受験勉強をしています。普段の日は残業が多く，自宅に戻り入浴や食事をすませて，机に向かうのはだいたい 10 時～11 時頃です。自宅では計算と理論暗記をバランス良くやっているつもりです。ただどうしても計算演算を先にやるので，理論は深夜になってしまいます。そのせいか暗記がかなり遅れています。何か良い方法はありませんか。

症状

深夜に理論を暗記しようというのは，大変に危険です。おそらく人間が記憶する時間帯としては最悪です（昼夜逆転して受験勉強をやっているような方は，深夜が昼間の時間に当たりますから，逆にかなり集中できるかもしれません）。

深夜ではないどこか別の時間帯に理論を暗記すべき時間を探して，その時間帯に理論暗記をして下さい。

特効薬

人間の脳が一番活発に働くのは午前 10 時頃から午後 5 時までの間だとされています。この時間帯に脳がいろいろな働きをして，私達にさまざまな行動をさせていることになります。

しかし，この時間帯に，税理士試験の多くの受験生は，仕事をしなければならなかったり，大学の講義に出席したり，家事に追われています。残念ながらそれぞれの立場がありますから，仕事なり学業なりを優先させなければなりません。

生活時間と脳の活動

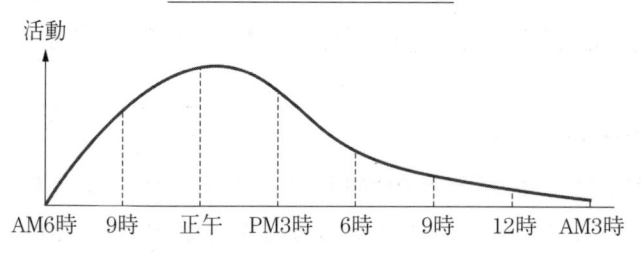

活動

AM6時　9時　正午　PM3時　6時　9時　12時　AM3時

（注意）深夜12時の効果
　　　　午前6時に起床すると考えれば，深夜の12時ではすでに起床してから18時間が経過しているので，脳の正常な働きはほとんどしていません。このような時に学習しても，その効果はほとんど期待できないでしょう。

　時間は，自分で造り出すものといわれますが，これからは深夜の学習は止めましょう。それよりも早く休んで，少し早く起きて学習するなど，自分で新たな学習時間を探して下さい。これにより今までの生活時間や人間関係に変化が起こるのは当然ですが，全て目標達成のためと考えて下さい。

22. 暗記ツールをいろいろ作ったのですが……

> **相談 22**
> 専門スクールの担当講師や先輩，友人などの経験談などを参考にして，いろいろな暗記ツールを作ったのですがどうも自分にはピンとくるものがありません。携帯に不便だったり，作成するのに時間が掛かったりするものばかりです。何か良い暗記ツールはありますか。

症状

暗記ツールは，理論学習のためには重要な道具です。いろいろな人の意見や経験を聞くのもたしかに参考になります。しかし，最後は自分の使い勝手が良いものがベストです。いつまでもいろいろなツールを試してみるばかりではなく，「自分はこれだ!!」というものを決めるのも大事でしょう。あなたには決断する勇気が一番必要かもしれません。

特効薬

理論の暗記方法には，さまざまなものがあります。最近では目からだけでなくCDを使って耳から理論を暗記したり，パソコンの画面で少しずつ文章を出したり，重要語句を穴埋めさせたりするような方法もあるようです。最近のこのような暗記スタイルの変化に触れると本当に時代の変化を感じます。

さて本書でここまでに暗記の方法を紹介してきましたが，その具体的なツールは，次の3つの方法でした。

理論暗記の3大ツール

作成ツール	具体的な方法
テキスト縮小コピー	スクールで使用している理論テキストや会計学の参考書を，アンダーライン，メモ書きを充分した後で縮小コピーして，これを常に携帯する。
暗記カード	B6判程度のカードを用意して，表面に暗記すべき項目のタイトルや用いなければならないキーワードの数など，裏面にはその解答やヒントになるものを記入し，これを暗記する。
手書式ノート	B5〜6判程度のルーズリーフ式のノートに，各論点の中心となるキーワードや暗記しなければならない規定などを手書きでまとめてこれを暗記する。

　最初は，3つの方法を全て試してかまいません。自分に最も合う方法を決めたら，とりあえず財務諸表論の本試験までは，その方法で理論を暗記して下さい。

23. ゴロ合わせを考えても上手くいかない

相談 23

会計方針の注記事項など，項目をそのまま列挙しなければならないものは，注解に示されている順序で，暗記したいと思っています。そのために頭文字などをゴロ合わせで暗記しても，なかなかその通りには出てきません。何か良い暗記の方法はありませんか。

症状

ゴロ合わせは，暗記のためには大変に良い方法です。おそらく学生時代に日本史や世界史の年号をゴロで暗記して，今でも多くの年号を憶えている方は多いと思います。

財務諸表論も同じようにして，何か良いゴロがあれがいいのですが，そこは会計学，なかなか御紹介できるような，いいゴロはありません。無理にゴロで暗記するより，もう少し知識を活用して暗記をしてはどうでしょうか。

特効薬

たとえば，「会計方針の開示に関する注記事項」は，企業会計原則で次の7つが列挙されています。

(1) 有価証券の評価基準及び評価方法
(2) 棚卸資産の評価基準及び評価方法
(3) 固定資産の減価償却方法
(4) 繰延資産の処理方法
(5) 外貨建資産・負債の本邦通貨への換算基準
(6) 引当金の計上基準

（7） 費用・収益の計上基準

これをゴロ合わせで憶えるなら，さしずめこんなところでしょうか。

有証 棚 固産 繰延
（ユウショウ の タナ に コサン を クリノベて）

外貨 当 費
（ガイかを アテに ツイヤすばかり）

しかし，こんな意味不明のゴロでは暗記は困難です。こんなことより貸借対照表と損益計算書をイメージしながら，内容を暗記した方が間違いありません。

▶ 例 ◀

全部で7つ，貸借対照表の借方で4つ貸方で2つ，損益計算書で1つ!!

貸借対照表		損益計算書
① 有 価 証 券	⑤ 外 貨 建 負 債*	⑦費用・収益の計上基準
② 棚 卸 資 産	：	
③ 固 定 資 産	⑥ 引 当 金	
④ 繰 延 資 産		

＊外貨建負債は，資産として借方で憶えても良い。

第3章 理論暗記クリニック

147

24. 企業会計原則などマル暗記は苦手

> **相談 24**
> 企業会計原則のような会計に関する諸規定は，そのまま丸暗記しなければならないと聞きます。私には，なんだか強制的で，嫌悪感があり，なかなかストレートに暗記に入り込むことができません。やはり，そのまま暗記した方が良いのでしょうか。

症状

会計諸則をストレートに暗記することができない方には2つのパターンが考えられます。ひとつは，まだ暗記に慣れていないので上手く暗記ができないタイプ，もうひとつは知的なプライドがあり，当たり前すぎることを強制的に暗記させられることに抵抗があるタイプです。御質問の方は明らかに後者のタイプです。

会計諸則を文章としてそのまま記述することの意味についてお話しをしましょう。

せっかく会計学の記述式の解答をするのですから，その内容は，学習の成果を盛り込んだ知的な内容にしたい気持は理解できます。しかし，この税理士試験は，そのような知的レベルの開示を求めるような試験ではありません。

専門的なことを知っているかということよりも，必要最低限の内容を知っていることの方が合格には重要です。

特効薬

会計とりわけ会計学というものは，会計公準を基礎として，その上に会計原理である，いわゆる会計的思考があり，その上に会計手続というもの

が存在します。この会計的な構造を外側から支えているものが会計に関する諸規則です。

企業会計における思考構図

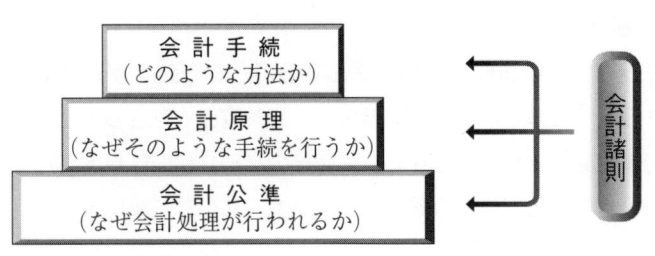

```
    会 計 手 続
　（どのような方法か）
   会 計 原 理
（なぜそのような手続を行うか）  ← 会計諸則
   会 計 公 準
（なぜ会計処理が行われるか）
```

（注意）会計諸則の意味
　　三層に重ねられた会計公準，会計原理，会計手続をつなぎ
　　とめて，なおかつ，その上部に存在するような関係にある。

　会計諸則は，単にルールとして存在するだけではなく，会計理論に深く根ざしたものであり，とりわけ「企業会計原則」「同注解」などは法律ではありませんが，基本的なルールを示したものです。
　たとえば本試験において「正規の簿記の原則」をそのまま記述しなければならないような設問に，あやふやな内容しか書けないとなれば，その後の解答は，何をかいわんやということになってしまいます。これでは採点者にけっして好印象は与えません。
　このような意味でも，会計諸則をそのまま記述できるということは，その先の専門的な知識が身についているということの最低限の証明になると考えて下さい。

25. キーワードを暗記しても文章は書けないのですが

> **相談 25**
> キーワードは比較的簡単に暗記することができます。各単元別にキーワードの数なども正確に憶えて，箇条書きもできるのですが，これを長い文章にしようとすると，脈絡のある文章になりません。なんだか箇条書きを無理やり繋げた変な文章になってしまいます。

症状

この症状は，あまり心配する必要はありません。まだ長い文章を書くことに慣れていないだけです。これから何度も文章を書くうちに少しずつ貫禄のある文章が書けるようになります。

そんなことより，キーワードが正確に暗記できていることの方が何十倍も素晴しいことです。このまま順調に仕上げて下さい。

特効薬

会計学の記述式解答には，これが絶対という模範解答のようなものはありません。事実，模擬試験などでは，解答として用意してある模範解答よりも良い内容の答案が受講生から提出されることもしばしばあります。

財務諸表論の記述式の答案にも，2通りのものがあります。そのひとつは，会計諸則のように，規定をそのまま記述しなければならないもの，もう一方は，ある論点についてキーワードを用いながら文章を構成させていくものです。

財務諸表論の記述式解答

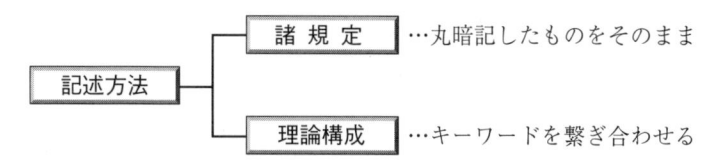

```
              ┌─ 諸 規 定 …丸暗記したものをそのまま
  記述方法 ──┤
              └─ 理論構成 …キーワードを繋ぎ合わせる
```

（注意）解答方法の相違
　　　諸規定（企業会計原則等）の記述は，その正確性が問われ，理論構成の問題は，しかるべきキーワードが正しく用いられて会計理論としての文章になっているかが採点の対象になります。

　やはり，文章にするためには何度も書いてみる必要があります。使用しているテキストのような完成された内容になる必要はありません。それなりに用語が使用してあれば十分です。また実際に書くといっても，しかるべき用紙に丁寧な文字で書くような必要はありません。メモ書きの延長のつもりでサラサラと書いて下さい。また10回書けば10回ともその内容は違っていてもかまいません。書き終わったら，必要なキーワードが正しく使われているかだけをチェックして下さい。

〈著者紹介〉

堀川　洋（ほりかわ　よう）

略　歴

1955年（昭和30年）　青森県生まれ
1977年（〃 52年）　中央大学商学部経営学科卒業
　同　年　　　　　　大原簿記学校　税理士科講師就任
1978年（〃 53年）　税理士試験合格
1984年（〃 60年）　税理士登録
1990年（平成2年）　堀川洋税理士事務所開設
　現在に至る

著　書

『堀川の簿記論　ⅠⅡ』（とりい書房）
『簿記資格の魅力のわかる本』共著（中央経済社）
『かみくだき　日商簿記3級』（学習研究社）
他，受験雑誌に多数執筆

著者との契約により検印省略

平成15年9月10日　初版第1刷発行

税理士試験
財表暗記攻略マニュアル

著　者	堀　川　　　洋	
発行者	大　坪　嘉　春	
製版所	美研プリンティング株式会社	
印刷所	税経印刷株式会社	
製本所	株式会社三森製本所	

発行所　東京都新宿区下落合2丁目5番13号　株式会社 税務経理協会
郵便番号 161-0033　振替 00190-2-187408　電話 (03) 3953-3301（編集部）
　　　　　　　　　　FAX (03) 3565-3391　　　 (03) 3953-3325（営業部）
URL　http://www.zeikei.co.jp/
乱丁・落丁の場合はお取替えいたします。

© 堀川 洋 2003　　　　　　　　　Printed in Japan

本書の内容の一部又は全部を無断で複写複製（コピー）することは，法律で認められた場合を除き，著者及び出版社の権利侵害となりますので，コピーの必要がある場合は，予め当社あてに許諾を求めて下さい。

ISBN4-419-04267-2　C2063

（（付　録））

携帯用暗記カード
＊厳選 78 テーマ＊

（使用方法）

　1ページの上下，表裏で2題のテーマの暗記ができるようになっています。切取り線から丁寧にカッターなどで切り，左上部に穴を空けて，リングホルダーなどで綴って1冊にして使用して下さい。

　各テーマの後ろに重要度別に☆〜☆☆☆のマークが入っていますので参考にして下さい。

テーマ1　企業会計の概要

1. 企業会計の意義

2. 会計の領域
   (1) 財務会計……会計情報の提供

   (2) 管理会計……管理者向会計情報

テーマ2　企業会計の機能　☆

1. 利害調整機能
   (1) 株主と経営者の利害調整

   (2) 株主と債権者の利害調整

2. 情報提供機能

> 💡 **ヒント1**

1. 企業会計の意義

　企業の経済行為である取引を記録・整理して，報告（伝達）する手続をいう。

2. 会計の領域

　（1）財務会計

　　　企業外部の株主や債権者などの利害関係者へ会計情報として，経営成績や財政状態を提供すること。

　（2）管理会計

　　　経営者や各部署の管理責任者に対する会計情報の提供であり，経営政策上有用なものである。

> 💡 **ヒント2**

1. 利害調整機能

　（1）株主と経営者の利害調整

　　　財務諸表を通じて，出資を媒介とする委託側（株主）と受託側（経営者）の利害調整が行われる。

　（2）株主と債権者の利害調整

　　　自己の資金を出資と貸付という形態で会社に提供した立場は同じであるが，法律によりこれらは出資者と債権者というまったく異なる立場に置かれており，債権者に不利益になる配当等が行われていないことを財務情報として提供している。

2. 情報提供機能

　証券市場の発達に伴う，投資家への会計情報の公開による意思決定資料とする。

テーマ3　資本の循環

〈資本の循環〉

1. 資本の調達……(　　　), (　　　)
   ⇓
2. 資本の投下……(　　　), (　　　), (　　　)
   ⇓
3. 生　産　物……(　　　)
   ⇓
4. 資本の回収……(　　　), (　　　)

テーマ4　貸借対照表と損益計算書の機能　☆

1. 貸借対照表の機能
   (1) その役割

   (2) 各項目の性質
   ① 資産とは
   ② 負債とは
   ③ 資本とは
2. 損益計算書の機能
   (1) その役割

   (2) 各項の性質
   ① 収益とは
   ② 費用とは

> 💡 ヒント3

1. 資本の調達……株主から出資，債権者からの借入
    ⇓
2. 資本の投下……機械設備の準備，材料の仕入，賃金の支払
    ⇓
3. 生 産 物……製品等
    ⇓
4. 資本の回収……現金，売上債権等

（注）複式簿記と資本循環の関係

　　複式簿記が一定の手続に従って，この資本循環に関する全ての記録を行うことになる。

> 💡 ヒント4

1. 貸借対照表の機能
   （1）その役割……一定時点（決算）における，資産，負債及び資本を示すことにより財政状態を明らかにする。
   （2）各項目の性質
      ① 資産とは……調達資本の運用形態を示す
      ② 負債とは……株主以外からの資本調達を示す
      ③ 資本とは……株主からの資本提供と過去の累積利益
2. 損益計算書の機能
   （1）その役割……一定期間における収益から費用を控除して求めることができる経営成績の報告書
   （2）各項目の性質
      ① 収益とは……企業の経営成果による収入
      ② 費用とは……収益である経営成果をあげるための努力としての支出

テーマ5　会計公準の意義と3つの公準

1. 会計公準の意義

2. 3つの会計公準
   (1) 企業実体の公準

   (2) 継続企業の公準

   (3) 貨幣的評価の公準

テーマ6　会計主体論

1. 会計主体について

2. 会計主体論
   (1) 資本主理論

   (2) 代理人理論

   (3) 企業主体理論

   (4) 企業体理論

> 💡 **ヒント5**

1. 会計公準の意義
   会計処理が行われる際の基本的な理念を示すものである。
2. 3つの会計公準
   （1）企業実体の公準
     企業は，出資者から独立した組織体として，独自の記帳が行われる。
   （2）継続企業の公準
     存在する企業は，将来倒産したり解散したりせず継続して事業を行う。
   （3）貨幣的評価の公準
     会計である記録・測定は，全て貨幣的な評価が可能な単位をもって行われる。

> 💡 **ヒント6**

1. 企業主体について
   会計がだれの立場で行われるか，あるいはどのような立場から会計を考察するかを考えるかというもの。
2. 会計主体論
   （1）資本主理論（資本主の立場）……会計の主体を資本主とみるもので個人経営のような形態に適合する。
   （2）代理人理論（資本主の立場）……株主から出資された資金を運用する代理人として組織を考えるもの。
   （3）企業主体理論（企業の独自性）……企業を株主や債権者などから独立した単独の組織体と考えるもの。
   （4）企業体理論（企業の独自性）……企業の独自性を尊重し，その社会的役割の中で企業を考えようとするもの。

テーマ7　会計構造論（静態論と動態論）　☆☆

1. 静　態　論
    (1) 意　義

    (2) 財務諸表の能力

    (3) 資産とその評価方法

2. 動　態　論
    (1) 意　義

    (2) 財務諸表の能力

    (3) 資産とその評価方法

テーマ8　会計構造論（財産法と損益法）　☆☆

1. 財　産　法
    (1) 意　義

    (2) 利益計算方法

2. 損　益　法
    (1) 意　義

    (2) 利益計算方法

> 💡 ヒント7

1. **静態論**
   (1) **意　義**……会計の機能を財産状態の表示に求める。
   (2) **財務諸表の能力**……一定時点における財産状態の表示を貸借対照表により行い，この作成も棚卸法により行われる。
   (3) **資産とその評価方法**……資産は，財産価値として評価され，時価評価が基本となる。
2. **動態論**
   (1) **意　義**……会計の機能を，収益力の表示に求める。
   (2) **財務諸表の能力**……一定期間における収益力の表示は損益計算書により行い，貸借対照表は，収支，損益計算の未解決項目の一覧表になる。
   (3) **資産とその評価方法**……資産は，その用役潜在力により評価され，取得原価を基本とする。

> 💡 ヒント8

1. **財産法**
   (1) **意　義**
      期首と期末の財産，債務の実地調査による純資産額の増減から利益計算を行う。
   (2) **利益計算方法**
      実地棚卸による利益であるため財産的保証はあるが，その発生原因が明確にならない。
2. **損益法**
   (1) **意　義**
      会計帳簿に基づき，一定期間の収益からこれに対する費用を控除して利益計算を行う。
   (2) **利益計算方法**
      帳簿記録に基づく利益計算であるため，利益の発生原因は明確であるが，その財産的保証は乏しい。

テーマ9　現金主義と発生主義　☆☆☆

1. 現金主義会計
   (1) 意　義

   (2) 損益計算との関係（欠点）

2. 発生主義会計
   (1) 意　義

   (2) 損益計算との関係（長所）

テーマ10　原価主義と時価主義　☆☆

1. 原価主義
   (1) 意　義

   (2) その特徴

2. 時価主義
   (1) 意　義

   (2) その特徴

ヒント9

1. 現金主義会計
   （1）意　義
   　　費用，収益をそれぞれ，現金収支の時点で認識しようとする損益計算の方法。
   （2）損益計算との関係（欠点）
   　　掛取引などの信用取引や，期末棚卸資産の存在などが多く存在する現在の会計には適応しない。
2. 発生主義会計
   （1）意　義
   　　費用，収益を経済的な価値の増加，減少という事実に基づいて認識しようとする損益計算の方法。
   （2）損益計算との関係（長所）
   　　信用取引，棚卸資産，固定資産が多く存在する現在の会計に適応する。

ヒント10

1. 原価主義
   （1）意　義
   　　費用の測定，資産の評価を原価を用いて行うもので，貨幣価値の変動は会計上考慮しない。
   （2）その特徴
   　　支出額による測定が行われるため，その客観性が高い。しかし物価変動が，財務諸表に反映されない欠点を持つ。
2. 時価主義
   （1）意　義
   　　費用の測定，資産の評価を時価を用いて行うもので，貨幣価値の変動を会計上考慮する。
   （2）その特徴
   　　物価変動を財務諸表で反映できるが，時価の算定に若干の客観性を欠く。

テーマ11　会計をとりまく諸規定の概略

1. 証券取引法会計
   (1) 意　義

   (2) 性　格

2. 商法会計
   (1) 意　義

   (2) 性　格

3. 税務会計
   (1) 意　義

   (2) 性　格

テーマ12　企業会計原則の性格　☆☆

1. 性　格
   (1)

   (2)

   (3)

2. 計算の目的

3. 体　系

ヒント11

1. 証券取引法会計
   - （1）意　義……企業に投資する投資家保護目的の会計をいう。
   - （2）性　格……証券取引法のもとに行われるもので，企業会計原則，財務諸表等規則に従った財務諸表を中心とする。
2. 商法会計
   - （1）意　義……企業の債権者である銀行等の債権者保護を目的とした会計。
   - （2）性　格……商法及び商法施行規則に基づいて作成される。
3. 税務会計
   - （1）意　義……税法の規定による課税標準を計算することを目的とした会計。
   - （2）性　格……企業会計を前提とするが税法特有の計算思考に基づいて行われる。

ヒント12

1. 性　格

   会計慣習の中で形成されたものであり，実践規範としての性格や，理論規範としての性格も持っている。
   - （1）実務の中で慣習として発達し，一般に公正妥当なものを要約
   - （2）証券取引法の監査に際しての判断基準
   - （3）会計諸則の改廃にあたり尊重されなければならない
2. 計算の目的

   投資家保護を目的とした，投下資本の回収剰余計算に基づく配当可能利益の表示（計算）にある。
3. 体　系
   - （1）一般原則
   - （2）損益計算書，貸借対照表原則
   - （3）注　解

テーマ13　真実性の原則

1. 意　義

2. その本質

3. 真実性の意味
   (1) 意　味

   (2) その理由
      ① 歴史的理由

      ② 技術的理由

テーマ14　正規の簿記の原則　☆☆

1. 意　義

2. 要請事項
   (1)

   (2)

3. 正確な会計帳簿
   (1)

   (2)

   (3)

4. 商法との関係

💡 ヒント13

1. **意　義**
   　企業会計は，企業の財政状態及び経営成績に関して，真実な報告を提供するものでなければならない。
2. **その本質**
   　企業会計原則における最高規範である。
3. **真実性の意味**
   （1）**意　味**
   　　真実という意味は，絶対的なものではなく相対的な真実を意味する。
   （2）**その理由**
   　　① 歴史的理由
   　　　歴史的にさまざまな基準が変化して現在に至っている。
   　　② 技術的理由
   　　　計算や処理の一部に，主観的な要素が入り込んでいる。

💡 ヒント14

1. **意　義**
   　企業会計は，全ての取引につき，正規の簿記の原則に従って，正確な会計帳簿を作成しなければならない。
2. **要請事項**
   （1）一定の条件を満たす正確な会計帳簿を作成せよ
   （2）（1）の会計帳簿から誘導的に財務諸表を作成せよ
3. **正確な会計帳簿**
   　正確な会計帳簿は，下記の3つを備えたものをいう。
   （1）**網羅性**……全ての取引が記録されている
   （2）**立証性**……全ての取引が検証可能な資料に基づいている
   （3）**秩序性**……全ての記録が秩序的に行われている
4. **商法との関係**
   　商法32，33条においても，会計帳簿を整然かつ明瞭に作成し，これを基礎に貸借対照表を作成する旨の要請がある。

テーマ15　資本取引，損益取引区分の原則　☆

1. 意　義

2. 資本取引，損益取引の意義
   (1) 資本取引

   (2) 損益取引

3. 資本剰余金，利益剰余金の意義
   (1) 資本剰余金

   (2) 利益剰余金

4. 両者を区分する理由

5. 両者を混同した場合

テーマ16　明瞭性の原則　☆

1. 意　義

2. 明瞭性の原則の目的

3. 明瞭表示の具体的方法
   (1)
   (2)
   (3)
   (4)
   (5)

4. 注記事項
   (1) 重要な会計方針
   (2) 重要な後発事象

ヒント 15

1. 意　義
　　資本取引と損益取引とを明瞭に区別し，特に資本剰余金と利益剰余金とを混同してはならない。
2. 資本取引，損益取引の定義
　　（1）**資本取引**……資本金，資本剰余金の増減をもたらす取引
　　（2）**損益取引**……収益費用をもたらす取引で，損益を生ずるもの
3. 資本剰余金，利益剰余金の定義
　　（1）**資本剰余金**……資本取引から生じた剰余金をいう
　　（2）**利益剰余金**……損益取引から生じた利益留保の剰余金
4. 両者を区分する理由
　　資本取引と損益取引を区別するのは，正しい期間損益計算を行うため。
5. 両者を混同した場合
　　両者が混同されると資本と利益の区分が困難になり，企業の財政状態及び経営成績が適正に計算できないことになる。

ヒント 16

1. 意　義
　　企業会計は，財務諸表によって，利害関係者に対して必要な会計事実を明瞭に表示し，企業の状況に関する判断を誤らせないようにしなければならない。
2. 明瞭性の原則の目的
　　利害関係者が企業の財務内容を知り得る唯一の手段は財務諸表であり，そのためには明瞭性のあるものを作成する必要がある。
3. 明瞭表示の具体的方法
　　（1）区分表示　　（2）総額表示　　（3）項目の概観性
　　（4）注記　　　　（5）附属明細書
4. 注記事項
　　（1）**重要な会計方針**……1つの会計事実に2つ以上の処理がある場合，どの方法によったか。
　　（2）**重要な後発事象**……貸借対照表日後に発生した事象で，次期以降の財政状態等に影響を及ぼすもの。

テーマ17　継続性の原則　☆☆☆

1. 意　義

2. この原則の要請するもの
   (　　　　　　　　)　┐
   (　　　　　　　　)　┘→ (　　　　　　　　　　)

3. 継続性原則の前提

4. 正当な理由
   (1)
   (2)
   (3)

5. 商法と継続性の原則

テーマ18　保守主義の原則　☆☆

1. 意　義

2. この原則の必要性

3. 保守的な会計処理の具体例
   (1)
   (2)
   (3)
   (4)

4. 過度な保守主義

ヒント17

1. **意 義**
   企業会計は，その処理の原則及び手続を毎期継続して適用して，みだりにこれを変更してはならない。
2. **この原則の要請するもの**
   ① 財務諸表の期間比較性の確保
   ② 利益操作の排除
   → 相対的真実性の確保
3. **継続性原則の前提**
   一つの会計事実に対して，二以上の会計処理の原則・手続の選択適用が認められている場合。
4. **正当な理由**
   会計処理の変更ができる場合
   （1）組織変更等の経営方針の変更
   （2）急激な経済事情の変化
   （3）関係法令の改廃
5. **商法と継続性の原則**
   具体的な明文規定はないが，附属明細書への変更理由などの記載を強制しているので間接的には存在する。

ヒント18

1. **意 義**
   企業の財政に不利な影響を及ぼす可能性がある場合には，これに備えて適当に健全な会計処理をしなければならない。
2. **この原則の必要性**
   企業の慎重な会計処理により，財務健全性が保たれるようにという実務上の要請。
3. **保守的な会計処理の具体例**
   （1）棚卸資産の低価基準
   （2）インフレ時の棚卸資産評価の後入先出法
   （3）減価償却費の定率法
   （4）割賦販売の回収基準など
4. **過度な保守主義**
   過度に保守な会計処理を行えば，適正な財政状態や経営成績が表示できなくなるため，認められない。

テーマ19　単一性の原則

1. 意　義

2. 単一性の意味するもの

3. 実質一元，形式多元の意味

テーマ20　重要性の原則　☆☆☆

1. 意　義

2. 重要性原則の意味
   (1) 重要性の乏しいもの

   (2) 重要性の高いもの

3. 重要性原則の適用例
   (1)

   (2)

ヒント19

1. 意　義

　　株主総会提出のため，信用目的のため，租税目的のため等種々の目的のために異なる形式の財務諸表を作成する必要がある場合，それらの内容は，信頼しうる会計記録に基づいて作成されたものであって，政策の考慮のために事実の真実な表示をゆがめてはならない。

2. 単一性の意味するもの

　　財務諸表を，その提出目的により異なる形式で作成したとしてもその記載内容は，単一の会計記録に基づくべきである。

3. 実質一元，形式多元の意味

　　単一の信頼しうる会計帳簿を基礎に，さまざまな形式の財務諸表を作成することは容認される。

ヒント20

1. 意　義

　　企業会計は，定められた会計処理の方法に従って正確な計算を行うべきものであるが，企業会計が目的とするところは，企業の財務内容を明らかにし，企業の状況に関する利害関係者の判断を誤らせないようにすることにあるから，重要性の乏しいものについては，本来の厳密な会計処理によらないで他の簡便な方法によることも正規の簿記の原則に従った処理として認められる。

　　重要性の原則は，財務諸表の表示に関しても適用される。

2. 重要性の原則の意味

　　（1）重要性の乏しいもの……簡便的な方法によることも差し支えない。

　　（2）重要性の高いもの……本来の厳密な会計処理が要求される。

3. 重要性の適用例

　　（1）処理面における適用例がある。(詳細省略)

　　（2）表示面における適用例がある。(　〃　)

テーマ 21 　損益計算書の概要　☆

1. 損益計算書の本質

2. 費用収益の分類

広義の費用・収益	経常的な費用・収益	営業活動によるもの	営業収益……(ア.)	
			営業費用	(イ.)
				(ウ.)
		営業活動以外のもの	営業外収益……(エ.)	
			営業外費用……(オ.)	
	経常的でない費用・収益		特 別 利 益…………(カ.)	
			特 別 損 失…………(キ.)	

テーマ 22 　損益計算書の構造　☆

1. 当期業績主義

2. 包括主義

ヒント 21

1. 損益計算書の本質

　損益計算書は，企業の経営成績を明らかにするため，一会計期間に属する全ての収益とこれに対応する全ての費用とを記載して経常利益を表示し，これに特別損益に属する項目を加減して当期純利益を表示しなければならない。

2. 費用収益の分類

　　ア．売上高及び役務（サービス）収益
　　イ．売上原価及び役務（　〃　）原価
　　ウ．販売費及び一般管理費
　　エ．受取利息，配当金など
　　オ．支払利息，有価証券評価損など
　　カ．固定資産売却益など
　　キ．災害損失など

ヒント 22

1. 当期業績主義

　損益計算書には，正常な営業活動により毎期発生し得る収益，費用のみを計上し，正常な収益力を表示しようとするもの。
　このために臨時損益や前記損益修正項目などは，損益計算書へは計上されない。

2. 包括主義

　損益計算書には，分配可能利益を表示するために，毎期発生する正常な収益，費用だけではなく，臨時損益や前記損益修正項目など全ての損益項目を計上する。

テーマ23 収益計上の基本原則 ☆☆☆

1. 収益の認識基準

2. 実現主義の定義
   (1) 実現主義とは
   (2) 実現の意味
3. 実現主義が採用される根拠
   (1)
   (2)
   (3)
4. 収益の測定原則
   (1)
   (2)

テーマ24 費用計上の基本原則 ☆☆

1. 費用の認識基準

2. 発生主義の定義
   (1) 発生主義とは
   (2) 発生の意味
3. 発生主義が採用される根拠

4. 費用の測定原則
   (1)
   (2)

💡 ヒント23

1. 収益の認識基準

    実現主義によることが一般的。

2. 実現主義の定義

    （1）実 現 主 義……実現という事実により収益を認識する

    （2）実現の意味……財貨又は用役の提供と，これに対する現金又は現金等価物の受入

3. 実現主義が採用される根拠

    （1）収益には，配当等の処分可能性が要求される。

    （2）（1）のために，貨幣的裏付が必要。

    （3）販売という事実により客観性を具備している。

4. 収益の測定基準

    （1）収入額基準により測定される。

    （2）取引の事実により，その確実性が保証されている。

💡 ヒント24

1. 費用の認識基準

    発生主義によることが一般的。

2. 発生主義の定義

    （1）発 生 主 義……発生という事実により費用を認識する

    （2）発生の意味……財貨又は用役の価値減少事実，又はその原因事実が発生していること

3. 発生主義が採用される根拠

    期間に帰属する費用を正確に把握するため。

4. 費用の測定原則

    （1）支出額基準により測定される。

    （2）取引の事実により，その確実性が保証される。

テーマ 25　費用収益対応の原則　☆☆

1. 意　義

2. 役　割

3. 費用収益の対応関係
   (1) 個別的対応
      （　　　　　）　←　媒介　→　（　　　　　　　　　　）
   (2) 期間的対応
      （　　　　　）　←　媒介　→　（　　　　及び　　　　）

テーマ 26　損益計算書の表示原則

1. 総額主義の原則

2. 費用収益対応表示の原則

3. 区分表示の原則

ヒント25

1. **意　義**

　　期間収益と期間費用を対比させて把握し，これにより利益の算出を行う。

2. **役　割**

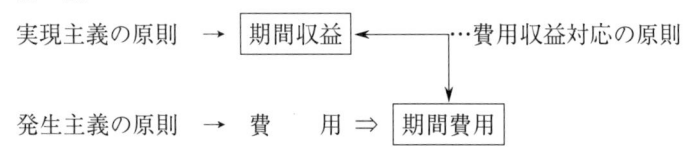

　　実現主義の原則　→　期間収益　←┐…費用収益対応の原則

　　発生主義の原則　→　費　用　⇒　期間費用

3. **費用収益の対応関係**

　（1）**個別的対応**

　　　　売上高　←（商品，製品等）→　売上原価

　（2）**期間的対応**

　　　　売上高　←（会　計　期　間）→　販売費及び一般管理費

ヒント26

1. **総額主義の原則**

　　損益計算書における費用収益は，総額によって記載することを原則とし，その全部又は一部を損益計算書から除去してはならない。

2. **費用収益対応表示の原則**

　　費用及び収益は，その発生源泉に従って明瞭に分類し，これらを損益計算書において対応表示し，利害関係者が企業の経営成績に関して適切な判断ができるようにしなければならない。

3. **区分表示の原則**

　　損益計算書には，次の区分を設ける。

　（1）**営業損益計算**……営業活動による費用収益を記載

　（2）**経常損益計算**……営業活動以外の原因から生ずる損益を記載

　（3）**純損益計算**……特別損益を記載

テーマ27　特殊な収益認識基準（その1）　☆☆

1. 委託販売
   (1) 基　本
   (2) 例　外
2. 試用販売

3. 予約販売

4. 割賦販売
   (1) 原　則
   (2) 例　外
   ①
   ②

テーマ28　特殊な収益認識基準（その2）　☆

1. 長期請負工事
   (1)

   (2)

2. 農作物等

3. 継続した役務提供

ヒント27

1. 委託販売
   - （1）基　本……受託者が委託品を販売した日
   - （2）例　外……仕切精算書が到達した日
2. 試用販売

   得意先が買取りの意思を表示した日。
3. 予約販売

   予約金受取額のうち，決算日までに商品の引渡等が完了した分。
4. 割賦販売
   - （1）原　則……商品を引き渡した日（販売基準）
   - （2）例　外
     - ① 割賦金回収期限到来の日（回収期限到来基準）
     - ② 割賦金入金の日（回収基準）

ヒント28

1. 長期請負工事
   - （1）工事進行基準（発生主義）……工事進行程度に応じて
   - （2）工事完成基準（実現主義）……工事が完成し，引き渡した日

2. 農作物等

   農産物，金等の売却価額が明確なもの……生産基準

   ※　農作物については収穫基準という名称を使用しても可

3. 継続した役務提供

   不動産の貸付や金銭貸付など継続した役務提供……時間基準

テーマ29 　内部利益　☆

1. 意　義

2. 振替損益との相違

3. 内部利益の除去
   (1) 売上高, 仕入高
   (2) 期末棚卸高
   (3) 簡便法の適用

テーマ30 　特別損益項目

1. 特別損益の表示

2. 特別損益項目

臨　時　損　益	前 期 損 益 修 正
(1)	(1)
(2)	(2)
(3)	(3)
	(4)

3. 経常損益としての特例

ヒント 29

1. 意　義

　本支店等の企業内部における独立した会計単位相互間の内部取引から生ずる未実現利益をいう。

2. 振替損益との相違

　会計単位内部における原材料等の振替から生ずる振替損益は内部利益ではない。

3. 内部利益の除去

　（1）売上高，仕入高

　　　合併損益計算書上で売上高，仕入高からそれぞれ内部売上高，内部仕入高を控除する。

　（2）期末棚卸高

　　　期末棚卸高からも内部利益を控除する。

　（3）簡便法の適用

　　　内部利益の控除に際しては，合理的な見積概算額によることも差し支えない。

ヒント 30

1. 特別損益の表示

　損益計算書では，前期損益修正益等の特別利益と，固定資産売却損等の特別損失は，区分して表示する。

2. 特別損益項目

臨　時　損　益	前　期　損　益　修　正
（1）固定資産売却損益	（1）過年度引当金の過不足修正
（2）有価証券売却損益	（2）過年度減価償却　〃
（転売目的以外）	（3）過年度棚卸資産評価の訂正
（3）災害による損失	（4）過年度償却債権の取立

3. 経常損益としての特例

　特別損益項目でも，金額の僅少なものや毎期経常的に発生するものは，経常損益計算に含めることができる。

テーマ 31　法人税等

1. 法人税の性格

   (1)

   (2)

2. 損益計算書における表示方法

3. 法人税等の追徴税額等

テーマ 32　貸借対照表原則　☆

1. 本　質　論

2. 完全性の原則

3. 構　造　論

   動態論において貸借対照表 → （　　　　）の収容場

B/S	
（　）・未費用 …商　品	費用・（　　）…引 当 金
収益・（　　）…売 掛 金	収入・（　　）…前受収益
（　）・未収入 …貸 付 金	（　）・未支出 …借 入 金

ヒント31

1. 法人税の性格
   - （1）費用説……国から受けたサービスへの対価である。
   - （2）利益処分説……利益に対して課税されているため，利益処分の一項目である。

2. 損益計算書における表示方法
   税引前当期純利益から，当期の負担に属する法人税額，住民税額等を控除する形式で表示。

3. 法人税等の追徴税額等
   更正決定等に係る法人税の追徴税額及び還付税額は，税引前当期純利益に加減して表示する。

ヒント32

1. 本質論
   企業の一定時点における，資産，負債及び資本を示すことにより，その財政状態を明らかにするものである。
2. 完全性の原則
   企業が保有する全ての資産，負債及び資本は貸借対照表に計上しなければならない。また，保有しないこれらのものは記載してはならない。
3. 構造論
   動態論において貸借対照表 → 未解消項目の収容場

B/S	
支出・未費用 … 商　品	費用・未支出 … 引当金
収益・未収入 … 売掛金	収入・未収益 … 前受収益
支出・未収入 … 貸付金	収入・未支出 … 借入金

テーマ33　貸借対照表の表示原則

1. 区分表示の原則
   (1)
   (2)
   (3)

2. 各項目の配列
   (1) 原　則
   (2) 例　外

3. 総額主義の原則

4. 注　記

5. 貸借対照表等式

テーマ34　流動性，固定性配列法　☆

1. 流動性配列法
   (1) 意　義

   (2) 目　的

2. 固定性配列法
   (1) 意　義

   (2) 目　的

ヒント33

1. 区分表示の原則
   - (1) 資産の部……流動資産，固定資産，繰延資産
   - (2) 負債の部……流動負債，固定負債
   - (3) 資本の部
2. 各項目の配列
   - (1) 原　則…流動性配列法
   - (2) 例　外…固定性配列法
3. 総額主義の原則
   　資産の項目と負債又は資本の項目を相殺することなく総額による表示を行う。
4. 注　記
   　債務の担保に供している資産など重要な事項は，注記しなければならない。
5. 貸借対照表等式
   　貸借対照表における資産の合計金額は，負債と資本の合計金額と一致する。

ヒント34

1. 流動性配列法……原則法
   - (1) 意　義
     　流動性の高いものから配列し，資産は流動資産，固定資産，負債は流動負債，固定負債の順で配列する。
   - (2) 目　的
     　一般的企業では，買掛金，支払手形等の流動負債を，小切手や手形の流動資産で支払うため，これを明らかに示す目的。
2. 固定性配列法……例外法
   - (1) 意　義
     　流動性の低いものから配列し，資産は固定資産，流動資産，負債は固定負債，流動負債の順で配列する。
   - (2) 目　的
     　固定資産の保有割合が多い，電気・ガス事業者などは，長期的な資金運用形態である固定資産と，この調達源泉である固定負債を対応表示させることに目的がある。

テーマ 35 　貸借対照表・科目の分類

1. 分類原則

2. 資産の分類
   (1)
   (2)　　　①　　　　②　　　　③
   (3)
3. 負債の分類
   (1)
   (2)
4. 資本の分類
   (1)
   (2)　　　①　　　②
   (3)

テーマ 36 　資産の概念 ☆

1. 資産の意義

2. 資本循環による資産の分類
   (1)
     ①
     ②
     ③
   (2)

ヒント 35

1. **分類原則**
    資産，負債及び資本の各科目は，一定の基準に従って明瞭に分類しなければならない。
2. **資産の分類**
    （1）流動資産
    （2）固定資産
       ① 有形固定資産　② 無形固定資産　③ 投資その他の資産
    （3）繰延資産
3. **負債の分類**
    （1）流動負債
    （2）固定負債
4. **資本の分類**
    （1）資本金
    （2）剰余金
       ① 資本剰余金　② 利益剰余金
    （3）その他の項目

ヒント 36

1. **資産の意義**

    企業に帰属する用役潜在力を示すもので，貨幣的に測定が可能なもの。

2. **資本循環による資産の分類**

    （1）**貨幣性資産**

      ① 支払手段としての現金

      ② 収益として計上済で未回収の対価…受取手形，売掛金

      ③ 財務支出として未回収なもの…貸付金等

    （2）**費用性資産**

      将来の収益獲得のために利用されるものとして待機中のもの。

      （例）　固定資産，支出未費用項目である商品など

テーマ37　資産の評価・取得原価主義　☆

1. 取得原価主義の意義

2. 費用配分の原則との関係

3. 取得原価主義の根拠

4. 取得原価主義の問題点

テーマ38　資産の評価・低価主義　☆☆

1. 低価主義の意義

2. 低価主義の根拠
   (1)
   (2)
3. 低価主義における時価
   (1)
   (2)
4. 低価主義の適用方法
   (1)
   (2)

ヒント37

1. 取得原価主義の意義
　　資産の評価を，その資産の取得をする際に実際に支出した額とする考え方。
2. 費用配分の原則との関係
　　取得原価のうち，当期における消費額は，当期における期間費用とし，当期中に未消費の部分は，貸借対照表へ計上するという，費用の期間配分が行われる。
3. 取得原価主義の根拠
　　資産の評価が外部との取引額に基づいて行われているので客観性を持っている。
4. 取得原価主義の問題点
　　物価変動時においては，資産の取得原価と時価が乖離してしまうなどの欠点を持つ。

ヒント38

1. 低価主義の意義
　　取得原価主義の例外基準であり，期末において原価と時価とを比較していずれか低い額を貸借対照表価額とする。
2. 低価主義の根拠
　　（1）保守主義……評価損を事前に計上する。
　　（2）原価配分……時価下落による資産価値喪失分を費用計上する。
3. 低価主義における時価
　　（1）再調達原価
　　（2）正味実現可能価額
4. 低価主義の適用方法
　　（1）切放し方式
　　（2）洗替方式

テーマ39　資産の評価・その他の方法

1. 時価主義
   (1) 意　義

   (2) 根　拠

   (3) 欠　陥

2. 割引現価主義
   (1) 意　義

   (2) 根　拠

   (3) 欠　陥

テーマ40　金銭債権の貸借対照表価額　☆☆

1. 金銭債権とは

2. 金銭債権の貸借対照表価額
   (1) 受取手形等の一般的債権

   (2) 割引金額等による取得債権

3. 貸倒見積高の算定
   (1)

   (2)

   (3)

ヒント 39

1. 時価主義
   - （1）意　義
     資産の評価を，基本的に時価をもって行う。
   - （2）根　拠
     投資家が企業に投資する際の意思決定のための情報として。
   - （3）欠　陥
     時価そのものに客観性が乏しいものもあるため，制度上は，全面的に採用されていない。
2. 割引現価主義
   - （1）意　義
     評価する資産からもたらされる将来のキャッシュ・フローを考慮し，現在の価値に還元したものを評価額とする。
   - （2）根　拠
     用役潜在性を資産の能力と見る。
   - （3）欠　点
     キャッシュ・フローの予測に主観性が入ってしまう

ヒント 40

1. 金銭債権とは
   貨幣による給付を受けることを請求しうる権利であり，売掛金，貸付金などを示す。
2. 金銭債権の貸借対照表価額
   - （1）受取手形等の一般債権
     取得価額 － 貸倒見積高 ＝ 貸借対照表価額
   - （2）割引金額等による取得債権
     割引が金利調整である場合→
     償却原価法による額 － 貸倒見積高 ＝ 貸借対照表価額
3. 貸倒見積高の算出
   債権を次の3つに区分して貸倒見積高を算出する。
   - （1）一般債権
   - （2）貸倒懸念債権
   - （3）破産更生債権

テーマ41　有価証券の評価（その1）　☆☆☆

1. 売買目的有価証券
   (1) 売買目的有価証券とは
   (2) 評価基準
   (3) 根　拠
2. 満期保有目的の債券
   (1) 満期保有目的の債券とは
   (2) 評価基準
      ① 原　則
      ② 償却原価法
   (3) 根　拠
      ① 原　則
      ② 償却原価法

テーマ42　有価証券の評価（その2）　☆☆

1. 子会社株式及び関連会社株式
   (1) 定　義
   (2) 評価基準
   (3) 根　拠
2. その他有価証券
   (1) 定　義
   (2) 評価基準……時価評価
      ①
      ②
   (3) 根　拠

ヒント41

1. 売買目的有価証券
   （1）**売買目的有価証券**……時価変動による利益目的保有の有価証券
   （2）**評価基準**……時価評価
   （3）**根　拠**……投資家には時価による情報が有用
2. 満期保有目的の債券
   （1）**満期保有目的の債券**……満期まで保有する意図を持って取得した社債券等
   （2）**評価基準**
     ① 原　　則……取得原価評価
     ② 償却原価法……債券金額と取得価額が異なる（金利調整）
   （3）**根　拠**
     ① 原　　則……保有目的から価格変動リスクを無視する
     ② 償却原価法……金利相当額を毎期の財務諸表へ反映させるため

ヒント42

1. 子会社株式及び関連会社株式
   （1）**定　義**……子会社，関連会社が発行した，支配等目的の株式
   （2）**評価基準**……取得原価評価
   （3）**根　拠**……時価変動は財務活動とは無関係
2. その他有価証券
   （1）**定　義**……売買目的有価証券，満期保有目的の債券，子会社株式，関連会社株式以外の有価証券
   （2）**評価基準**……時価評価
     ① 全部資本組入法
     ② 部分資本組入法
   （3）**根　拠**
     その保有目的が不確定の要因を持つため，金融資産の原則的評価基準として時価を用いる。

テーマ43 有価証券の評価（その3） ☆

1. 市場価格のない有価証券
   (1) 社債その他の債券

   (2) (1) 以外の有価証券

2. 時価が著しく下落した場合
   (1) 市場価格のある有価証券

   (2) 市場価格のない株式

テーマ44 自己株式 ☆

1. 意　義

2. 自己株式の性格
   (1)

   (2)

3. 取扱い

ヒント43

1. 市場価格のない有価証券
   (1) 社債その他の債券……債権の貸借対照表価額に準ずる（テーマ40, 2参照）。
   (2) (1)以外の有価証券……取得原価をもって貸借対照表価額とする（客観的時価がない）。
2. 時価が著しく下落した場合
   (1) 市場価格のある有価証券
       時価が著しく下落し，回復する見込があると認められる場合を除き，時価をもって評価額とする。
   (2) 市場価格のない株式
       発行会社の財政状態の悪化により実質価額が著しく下落したときは，相当の減額を行う。

ヒント44

1. 意　義
   自社で発行した株式を自から取得している場合に，この株式を自己株式（金庫株）という。
2. 自己株式の性格
   (1) 資　産　説……旧取扱
       取得した自己株式は，失効の手続が取られていなければ他の株式と同じように資産的な価値がある。
   (2) 資本控除説……現行取扱
       自己株式を取得する際に，金銭の流出が発生しているので資本の払戻し（減資）が発生していると考え自己株式の取得は資本取引とみる。
3. 取　扱　い
   自己株式は，取得原価をもって資本の部へ記載され，資本の控除項目として取り扱われる。

テーマ 45　棚卸資産の範囲

1. 棚卸資産の意義

2. 棚卸資産の範囲
    (1) 商品，製品等

    (2) 半製品，仕掛品等

    (3) 原材料，工場消耗品等

    (4) 事務用消耗品等

テーマ 46　棚卸資産の取得価額　☆

1. 購入の場合
    (1) 基　本

    (2) 購入代価とは

    (3) 重要性の原則の適用

2. 製造の場合

> **ヒント 45**

1. 棚卸資産の意義

    生産，販売活動を通じて収益を得ることを目的として保有される財貨又は用役で，棚卸によりその有高が把握される。

2. 棚卸資産の範囲

   （1）**商品，製品等**……通常の営業過程において販売するために保有する財貨又は用役

   （2）**半製品，仕掛品等**……販売を目的として現に製造中の財貨又は用役

   （3）**原材料，工場消耗品等**……販売目的の財貨又は用役を生産するため短期間に消費されるべき財貨

   （4）**事務用消耗品等**……販売活動及び一般管理活動において短期間に消費されるべき財貨

> **ヒント 46**

1. 購入の場合

   （1）基　本

       購入代価に引取費用等の付随費用を加算した価額。

   （2）購入代価とは

       送り状価額から値引，割戻（除　割引）額を控除した金額。

   （3）重要性の原則の適用

       重要性が乏しい場合には，仕入運賃等の付随費用は取得価額に加算しないことができる。

2. 製造の場合

    適正な原価計算基準に従って算定された価額による。

テーマ47　棚卸資産の費用化　☆☆☆

1. 棚卸資産の消費原価
   消費原価＝(　　　　　　　)×(　　　　　　　)
2. 払出数量の計算
   (1) 継続記録法
   (2) 棚卸計算法
3. 払出単価の算定
   (1) 個　別　法
   (2) 先入先出法
   (3) 後入先出法
   (4) 平　均　法
   　①
   　②

テーマ48　棚卸資産の貸借対照表価額

1. 原則的評価
   (1)

   (2)

   (3)

   (4)

   (5)

2. 例外的評価

ヒント47

1. 棚卸資産の消費原価
   消費原価＝払出数量×払出単価
2. 払出数量の計算
   （1）継続記録法……商品有高帳等により受入・払出量をその都度記録しその払出数量を把握。
   （2）棚卸計算法……期末の実地棚卸を把握し，これに基づいて払出数量を算出。
3. 払出単価の算定
   （1）個 別 法……個々の実際に払い出した資産の原価を用いる。
   （2）先入先出法……最も古く取得したものから払出単価とする。
   （3）後入先出法……最も新しく取得したものから払出単価とする。
   （4）平 均 法
       ① 総 平 均 法……期中の総平均単価を払出単価とする。
       ② 移動平均法……受入の都度求めた単価を払出単価とする。

ヒント48

1. 原則的評価

   購入代価に付随費用を加算した金額を基礎にして，下記により算定した金額とする。
   （1）個 別 法
   （2）先入先出法
   （3）後入先出法
   （4）平 均 法
   （5）売価還元法
2. 例外的評価

   期末に把握される，数量不足による棚卸減耗損などはもちろん，低価基準を採用する場合などは，取得原価を用いないことも認められる。

テーマ49　棚卸資産の評価損の表示方法　☆☆

1. 低価基準採用の評価損
   (1)　　　　　　(2)

2. 時価の著しい下落による評価損
   (1)　　　　　　(2)

3. 品質低下，陳腐化による評価損
   (1) 原価性が有る
      ①　　　　　　②
      ※原材料→
   (2) 原価性が無い
      ①　　　　　　②

テーマ50　棚卸資産の低価基準について　☆☆

1. 意　義

2. 根　拠

3. 時　価
   (1)　　　　　　(2)

4. 評価切下額の決定
   (1)
   (2)
   (3)

5. 適用方法
   (1)
   (2)

ヒント49

1. 低価基準採用の評価損
    （1）売上原価の内訳科目　　（2）営業外費用
2. 時価の著しい下落による評価損
    （1）営業外費用　　　　　　（2）特別損失
3. 品質低下，陳腐化による評価損
    （1）原価性が有る
        ① 売上原価の内訳科目　　② 販売費
            ※原材料　→　製造原価（製造経費）
    （2）原価性が無い
        ① 営業外費用　　　　　　② 特別損失

ヒント50

1. 意　義
    ・取得原価基準の例外としての評価方法
    ・期末における原価と時価を比較していずれか低い金額
2. 根　拠
    各国において広く支持されてきた慣行的評価思考で実務界からも支持されている　→　保守主義の思考に立脚
3. 時　価
    （1）正味実現可能価額　　（2）再調達原価
4. 評価切下額の決定
    （1）取得原価と正味実現可能価額
    （2）　〃　　と再調達原価
    （3）　〃　　と正味実現可能価額と再調達原価
5. 適用方法
    （1）切放し法
    （2）洗　替　法

テーマ51　棚卸資産の評価方法（売価還元法その他）

1. 売価還元法
   (1) 意　義

   (2) 原価率

   $$原価率 = \frac{(\quad)-(\quad)}{(\quad)+(\quad)+(\quad)+(\quad)-(\quad)-(\quad)+(\quad)}$$

2. 修正売価法

3. 最終取得原価法

テーマ52　固定資産，有形固定資産の意義　☆

1. 固定資産の意義と分類
   (1) 意　義

   (2) 分　類
      ①　　　　　　　②　　　　　　　③

2. 有形固定資産
   (1) 意　義

   (2) 分　類
      ①
      ②
      ③

ヒント51

1. 売価還元法
   (1) 意　義
       取扱い品種の極めて多い小売業（デパート）等において，類似性のある棚卸資産を適当にグルーピングして，これに原価率を用いて求めた金額を棚卸資産の評価額とする。
   (2) 原価率
       →算式省略
2. 修正売価法
   取得時又は期末における売価からアフターコストを差引いた金額を棚卸資産の評価額とする。
3. 最終取得原価法
   決算に最も近い最新の仕入金額又は製造原価を期末棚卸資産の評価額とする。

ヒント52

1. 固定資産の意義と分類
   (1) 意　義……貸借対照表日の翌日から起算して1年を超えて現金化される資産，又は現金化されることを目的としない資産。
   (2) 分　類
       ① 有形固定資産　② 無形固定資産　③ 投資その他の資産
2. 有形固定資産
   (1) 意　義
       1年以上使用することを目的として保有する，実体のある資産をいう。
   (2) 分　類
       ① 減価償却資産……建物，備品
       ② 減耗性資産……鉱山における埋蔵資源
       ③ 非償却資産……土地，建設仮勘定など

テーマ53　有形固定資産の取得原価

1. 購　入
　　（　　　　）＋（　　但し　　　　　　　　　　　）
2. 自家建設
　　（　　　　　）に従って算出された価額
　　　※建設に要する借入金の利子で稼動前の期間に属するもの
　　　　→　（　　　　）
3. 現物出資
　　株式の（　　　　）
4. 交　換
　　交換に供された自己資産の（　　　　　）
　　　※自己所有の株式，社債等　→
5. 贈　与
　　（　　　　　）等を基準として公正な評価額

テーマ54　資本的支出と収益的支出　☆

1. 資本的支出
　（1）意　義

　（2）取　扱

2. 収益的支出
　（1）意　義

　（2）取　扱

3. 両者を区別する理由

ヒント53

1. **購　入**
   購入代金＋付随費用（但し，重要性が乏しい時は加算しない）
2. **自家建設**
   原価計算基準に従って算出された価額。
   　　※稼動前の借入資本の利子　→　取得原価に算出できる
3. **現物出資**
   株式の発行価額。
4. **交　換**
   交換に供された自己資産の適正な簿価。
   　　※自己所有の株式，社債等　→　提供した有価証券の時価又
   　　　　　　　　　　　　　　　　は適正な簿価
5. **贈　与**
   時価等を基準として公正な評価額。

ヒント54

1. **資本的支出**
   （1）意　義……固定資産に対する支出額で，それが当該固定資産の価値増加や耐用年数延長をもたらすもの。
   （2）取　扱……当該固定資産の取得原価に加算。
2. **収益的支出**
   （1）意　義……固定資産に対する支出額が，単に現状回復などの修繕にすぎないもの。
   （2）取　扱……支出した期間の費用（修繕費）とする。
3. **両者を区別する理由**
   両者を明確に区別しなければ，適切な財政状態，経営成績が表示されない。

テーマ55　正規の減価償却　☆☆

1. 減価償却の意義

2. 減価償却の目的

3. 減価償却の効果
   (1)
   (2)

4. 減価の発生原因
   (1)
   (2)

5. 計算の三要素
   (1)　　　　　　(2)　　　　　　(3)

テーマ56　減価償却の計算方法

1. 定　額　法

2. 定　率　法

3. 級　数　法

4. 生産高比例法

💡 ヒント 55

1. 減価償却の意義

    費用配分の原則により，有形固定資産の取得原価を耐用期間の各事業年度に配分する。

2. 減価償却の目的

    適正な減価償却を行うことにより，毎期の損益計算を正確に行う。

3. 減価償却の効果

    （1）固定資産の流動化
    （2）自己金融機能

4. 減価の発生原因

    （1）物質的減価……使用などによる自然老朽化
    （2）機能的減価……陳腐化などの経済的不適応化

5. 計算の三要素

    （1）取得原価　（2）残存価額　（3）耐用年数

💡 ヒント 56

1. 定　額　法

    耐用期間中，毎期均等額の減価償却費を計上する。

2. 定　率　法

    耐用期間中，毎期期首未償却残高に一定率を乗じた減価償却費を計上する。

3. 級　数　法

    耐用期間中，毎期一定の額を算術級数的に逓減した減価償却費を計上する。

4. 生産高比例法

    耐用期間中，当該資産による生産又は用役の提供の度合に比例した減価償却費を計上する。

テーマ 57　個別償却と総合償却　☆

1. 個別償却
   （1）意　義

   （2）除　却

2. 総合償却
   （1）意　義

   （2）除　却

テーマ 58　臨時償却と減損　☆☆

1. 臨時償却
   （1）意　義

   （2）臨時償却費の取扱い

2. 減　損
   （1）意　義

   （2）損益計算上の取扱い

ヒント57

1. 個別償却
   - （1）意 義
     - 個々の資産ごとに減価償却費を計算し，その記帳を行う。
   - （2）除 却
     - 除却した固定資産の未償却残高を除却損として計上する。
2. 総合償却
   - （1）意 義
     - 複数の資産について，平均耐用年数を用いて一括した減価償却費を計上し，これを記帳する。
   - （2）除 却
     - 総合償却では，個々の資産の未償却残高は明らかにならない。このため資産の除却があった場合は除却損は計上されず除却資産原価（除 残存価額）が減価償却累計額から控除される。

ヒント58

1. 臨時償却
   - （1）意 義
     - 減価償却計画設定時に，予見することができなかった新技術の発明などにより，固定資産が機能的に著しく減価した場合の臨時の減価償却。
   - （2）臨時償却費の取扱い
     - 臨時償却費は，前期損益修正項目であり特別損失として取り扱う。
2. 減 損
   - （1）意 義
     - 災害，事故等の偶発的事情により，有形固定資産の実体が滅失した場合，その滅失部分の評価切下げ額。
   - （2）損益計算上の取扱い
     - 減損による評価切下額は，臨時的な損失であり特別損失として取り扱う。

テーマ59 減耗償却と取替法 ☆

1. 減耗償却
   (1) 意 義

   (2) 減耗性資産とは

   (3) 減価償却との相違

2. 取替法
   (1) 意 義

   (2) 取替資産とは

テーマ60 リース取引

1. リース取引の意義

2. リース取引の種類
   (1)

   (2)

3. リース資産の取得原価

ヒント59

1. 減耗償却
    - （1）意　義
        減耗償却は，減耗性資産に適用され，その手続は生産高比例法と類似する。
    - （2）減耗性資産とは
        山林，鉱山のように採取されるにつれて減耗し涸渇する天然資源を示す有形固定資産。
    - （3）減価償却との相違
        減耗償却は，一般の減価償却と異なり，採取されるに応じてその実体が部分的に製品化されるものであるため，減価償却とは異なる。
2. 取替法
    - （1）意　義
        取替資産に適用される費用化の方法である。取替資産の取替に要した費用を収益的支出として処理する。
    - （2）取替資産とは
        鉄道のレール，枕木などのように，同種の物品が多数集まって1つの全体を構成するもの。

ヒント60

1. リース取引の意義

    特定の資産の所有者が，この資産を合意された期間に一定のリース料を受け取り，賃貸する取引。

2. リース取引の種類
    - （1）ファイナンス・リース
    - （2）オペレーティング・リース

3. リース資産の取得原価

    リース料総額から利息相当額を控除した価額とする。

テーマ 61　無形固定資産

1. 意　義
   (1)

   (2)

2. 取得原価の決定

3. 貸借対照表価額

テーマ 62　営業権　☆☆

1. 意　義

2. 営業権の評価
   (1)

   (2)

3. 営業権の償却

💡 ヒント61

1. 意　義

　具体的な形態はないが，企業が長期にわたり経営に利用するもの。
　（1）法律上の権利……特許権など
　（2）経済上の優位性を示すもの……営業権

2. 取得原価の決定

　取得に際して支出した支払対価をもって取得原価とする。

3. 貸借対照表価額

　取得のための支出した金額から，減価償却累計額を控除した価額をもって貸借対照表価額とする。

💡 ヒント62

1. 意　義

　ある企業の平均収益力が同種の他の企業の収益力よりも大きい場合のその超過収益力の要因をいう。

2. 営業権の評価

　（1）有償で譲り受けたものを計上する。
　（2）合併により取得したものを計上する。

3. 営業権の償却

　取得後5年以内に毎決算期において均等額以上を償却しなければならない。

テーマ63　繰延資産

1. 意　義

2. 繰延経理の根拠

3. 前払費用との異同点
   (1) 共通点

   (2) 相違点

テーマ64　商法上の繰延資産

1. 商法で計上が認められる繰延資産（8項目）
   (1)
   (2)
   (3)　　　　及び,
   (4)
   (5)
   (6)
   (7)
2. 商法での繰延資産への制約
   (1)
   (2)
   (3)

ヒント63

1. **意　義**
   - すでに代価の支払いが完了し又は支払義務が確定
   - これに対する役務の提供が完了している
   - その効果が将来にわたって発現する

2. **繰延経理の根拠**

   支出した効果が及ぶ期間に，費用として合理的に配分した方が，適正な期間損益計算を行うことができる。

3. **前払費用との異同点**
   （1）**共通点**……支払を行った期間だけでなく，数期間の費用として取り扱われる。
   （2）**相違点**……前払費用は，役務の提供を受けていないが，繰延資産はすでに役務の提供を受けている。

ヒント64

1. **商法で計上が認められている繰延資産**
   （1）創立費
   （2）開業費
   （3）開発費・試験研究費
   （4）新株発行費
   （5）社債発行費
   （6）社債発行差金
   （7）建設利息

2. **商法での繰延資産への制約**
   （1）8項目限定
   （2）償却年数制限
   （3）配当制限

テーマ65　研究開発費・臨時巨額の損失　☆

1. 研究開発費の取扱い
   (1) 費用処理

   (2) 費用処理の根拠
      ①
      ②

2. 臨時巨額の損失
   (1) 意　義

   (2) 処　理

テーマ66　負債の概念と分類

1. 負債の定義

2. 負債の分類……債務性を基準として

負債の分類	法定債務	確　定　債　務…(イ)
		条　件　付　債　務…(ロ)
	会計的負債	期間損益計算上の負債…(ハ)
		実　質　優　先　主　義…(ニ)

ヒント65

1. 研究開発費の取扱い
   (1) 費用処理
       従来計上していた繰延資産である試験研究費は，その範囲や処理方法などに恣意性が介入する余地があった。
       これを全て費用処理として強制することにより，企業間の業績の比較も可能となる。
   (2) 費用処理の根拠
       ① 研究開発の完成時期や成功の可否が不明確
       ② 研究開発中でも収益獲得については疑問がある
2. 臨時巨額の損失
   (1) 意　義
       天災等により発生した固定資産の損失額が，その期の利益をもって補塡できないもの。
   (2) 処　理
       資産として計上し，その後繰延経理を行う。

ヒント66

1. 負債の定義
   企業が義務を負う経済的な負担をいい，貨幣額で具体的に測定可能なもの。

2. 負債の分類……債務性を基準として
   確定債務（イ　買掛金，借入金等）
   条件付債務（ロ　退職給付引当金，製品保証引当金等）
   期間損益計算上の負債（ハ　修繕引当金）
   実質優先主義（ニ　リース債務等）

テーマ 67　引当金　☆☆☆

1. 引当金の意義
   (1)
   (2)
   (3)
   (4)

2. 引当金の設定根拠

3. 会計上引当金の分類

   引当金 ┌ 評価性引当金 ……（　①　）
   　　　　└ 負債性引当金 ┌ 債務性有り ……（　②　）
   　　　　　　　　　　　　└ 債務性無し ……（　③　）

テーマ 68　商法上の引当金　☆☆

1. 商法上の引当金の定義
   (1) 債務性のある引当金（　　　　等）⇒

   (2) 債務性のない引当金（　　　　等）⇒

2. 商法における引当金の表示
   (1) 注記方式

   (2) 別建方式

> 💡 **ヒント67**

1. 引当金の意義
   （1）将来の特定の費用又は損失（又は収益の控除）である。
   （2）その費用又は損失の発生が当期以前の事象に起因する。
   （3）その費用又は損失の発生の可能性が高い。
   （4）その費用又は損失の金額を合理的に見積ることができる。
2. 引当金の設定根拠
   適正な期間損益計算を行うために計上される。
3. 会計上の引当金の分類
   ① 貸倒引当金
   ② 退職給付引当金，賞与引当金，製品保証引当金　等
   ③ 修繕引当金，債務保証損失引当金　等

> 💡 **ヒント68**

1. 商法上の引当金の定義
   会計上の負債性引当金のうち（2）だけを商法上の引当金として取り扱う。
   （1）債務性のある引当金（退職給付引当金等）⇒商法上の債務
   （2）債務性のない引当金（修繕引当金等）⇒商法上の引当金
2. 商法における引当金の表示
   （1）注記方式……貸借対照表の流動負債・固定負債にそれぞれ計上して、これが商法上の引当金である旨注記する。
   （2）別建方式……負債の部に別に引当金の部を設けて、ここへ記載する。

テーマ69　租税特別措置法上の準備金　ほか

1. 租税特別措置法の準備金
   (1) 租税特別措置法とは

   (2) この法律の準備金

   (3) 処理方法

2. 特別法上の準備金
   (1) 特別法とは

   (2) 計上される準備金

   (3) 処理方法

テーマ70　偶発債務

1. 偶発債務とは

2. 偶発債務の取扱い
   (1) 注記方式

   (2) 引当金方式

3. 偶発債務の内容
   (1)

   (2)

> ヒント69

1. 租税特別措置法上の準備金
   （1）租税特別措置法……政策の見地から特別に期限付で施行されている税法。
   （2）この法律の準備金……この方法で準備金として計上されるものは，会計上の引当金の要件を満たさない。
   （3）処理方法……利益処分により任意積立金として設定される。
2. 特別法上の準備金
   （1）特別法……電気事業法など
   （2）計上される準備金……渇水準備金など
   （3）処理方法……負債の部の引当金の区分に表示

> ヒント70

1. 偶発債務とは
   　現在は，まだ現実の債務ではないが，将来一定の事由が発生した場合には債務となり得る潜在的な債務をいう。
2. 偶発債務の取扱い
   （1）注記方式……その存在を貸借対照表に注記する。
   （2）引当金方式……費用，損失となる可能性が高い場合は，注記に代えて引当金を計上する。
3. 偶発債務の内容
   （1）保証債務
   （2）損害賠償義務

テーマ71　会社の資本とその概念

1. 資本の意義

2. 資本の概念

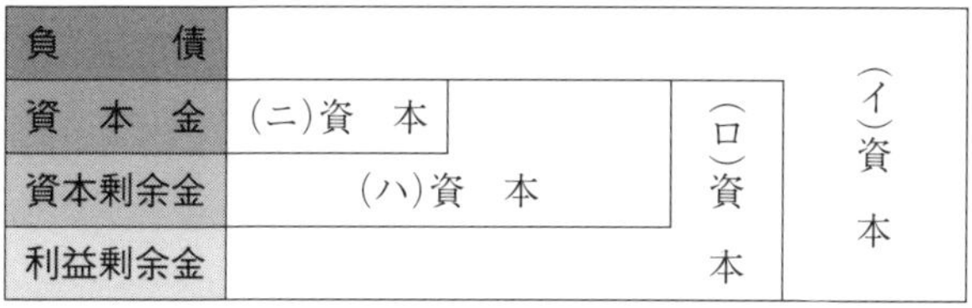

負　　債			
資　本　金	(ニ)資　本	(ロ)資本	(イ)資本
資本剰余金	(ハ)資　本		
利益剰余金			

テーマ72　商法，企業会計基準での資本の分類　☆

商法（商法施行規則）と企業会計基準では，資本に関して同様の分類が行われている。

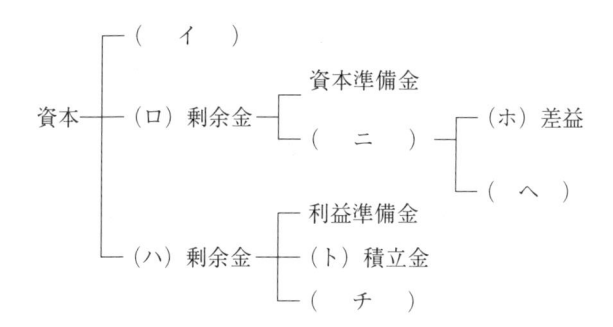

```
            ─（ イ ）
            │                 ┌ 資本準備金
            │  （ロ）剰余金 ─┤                ┌（ホ）差益
資本────┤                 └（ ニ ）─────┤
            │                                  └（ へ ）
            │
            │                 ┌ 利益準備金
            └（ハ）剰余金 ─┤（ト）積立金
                              └（ チ ）
```

ヒント71

1. 資本の意義

　　企業の資金源泉を示すもので，会計上は資産から負債を控除した純資産額をもって自己資本とする。

2. 資本の概念

　　イ．（総）資本
　　ロ．（自己）資本
　　ハ．（払込）資本
　　ニ．（法定）資本

ヒント72

資本
├ （イ．資本金）
├ （ロ．資本剰余金）─┬ 資本準備金
│　　　　　　　　　　└ （ニ．その他資本剰余金）─┬ （ホ．減資）差益
│　　　　　　　　　　　　　　　　　　　　　　　 └ （ヘ．自己株式）処分差益
└ （ハ．利益剰余金）─┬ 利益準備金
　　　　　　　　　　 ├ （ト．任意）積立金
　　　　　　　　　　 └ （チ．当期未処分利益）

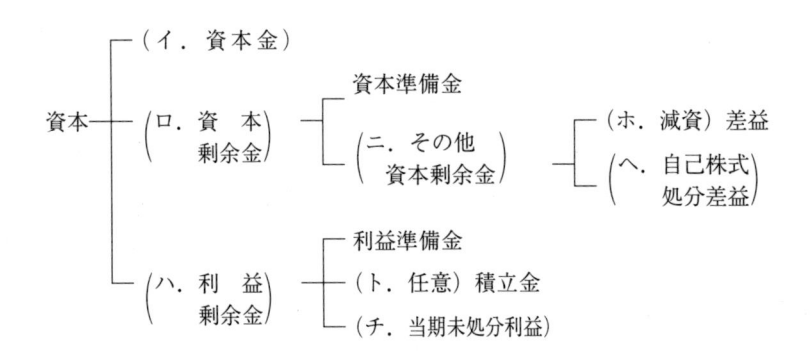

テーマ73 払込資本（資本準備金）

1. 資本準備金の意義

2. 資本準備金の種類
   (1)
   (2)
   (3)
   (4)

3. 資本準備金の取崩
   (1)
   (2)
   (3)

テーマ74 払込資本（合併） ☆

1. 合併の意義

2. 合併の形態
   (1)

   (2)

3. 合併の本質
   (1) 現物出資説

   (2) 人格合一説

ヒント73

1. 資本準備金の意義

    商法で，その積立が強制されている資本剰余金を示す。

2. 資本準備金の種類

    （1）株式払込剰余金

    （2）株式交換（移転）剰余金

    （3）分割差益

    （4）合併差益

3. 資本準備金の取崩

    （1）資本の欠損の補塡

    （2）資本金への組入

    （3）資本金の $\frac{1}{4}$ を超える部分の任意取崩

ヒント74

1. 合併の意義

    2以上の会社が，契約により合体し，一つの会社になることをいう。

2. 合併の形態

    （1）吸収合併……一方の会社がもう一方の会社を吸収する。

    （2）新設合併……二以上の会社が解散し，新会社を設立する。

3. 合併の本質

    （1）現物出資説……合併により消滅する会社（被合併会社）の現物である資産，負債の払込が行われたと考える。

    （2）人格合一説……合併を合併当事会社の人格（資本）が合体して一つになると考える。

テーマ75　受贈資本・評価替資本

1. 受贈資本

   株主以外の者からの拠出資本であり，次のようなものが該当する

   （1）

   （2）

   （3）

2. 評価替資本

   物価の上昇を原因とする資本価値の修正であり，次のようなものが該当する。

   （1）

   （2）

テーマ76　圧縮記帳　☆☆

1. 圧縮記帳とは

2. 圧縮記帳の効果

3. 貸借対照表での表示方法

   （1）直接減額方式

   （2）間接減額方式

ヒント75

1. 受贈資本
   （1）**国庫補助金**……国などからの固定資産取得目的の返還不要の助成金。
   （2）**工事負担金**……電気事業者などが、その工事費の一部を消費者に負担させたもの。
   （3）**債務免除益**……債権者が欠損補填を目的に自からの債権を放棄したことにより生ずるもの。
2. 評価替資本
   （1）**固定資産評価差益**……更生会社の財政的事情により、保有する資産の評価替を行うもの。
   （2）**保険差益　他**……保険事由の発生により、その目的となった固定資産の時価高騰により生ずるもの。

ヒント76

1. 圧縮記帳
   　国庫補助金等で取得した固定資産について、国庫補助金等に相当する金額をその取得原価から控除する処理方法。
2. 圧縮記帳の効果
   　圧縮記帳は、法人税において認められているもので、一時課税を回避し固定資産の取得原価をマイナスさせることにより、課税の繰延べを行うことを目的とする。
3. 貸借対照表での表示方法
   （1）**直接減額方式**……取得原価から国庫補助金等に相当する金額を控除した残額のみを記載し、当該国庫補助金等の金額を注記する方法。
   （2）**間接減額方式**……取得原価から国庫補助金等に相当する金額を控除する方法。

テーマ77　稼得資本

1. 稼得資本とは

2. 稼得資本の内訳
   (1) 処分済利益
      ①

      ②

   (2) 未処分利益

テーマ78　欠損の補塡

1. 資本の欠損とは（商法）

2. 補塡順序

　資本の欠損が生じている場合は，次の順序にその取崩しを行いその補塡を行う。
   (1)
   (2)
   (3)
   (4)
   (5)

ヒント77

1. 稼得資本とは

　　会社がその営業活動によって獲得した利益であり，内部留保された利益剰余金である。この利益剰余金は処分済で会社に積み立てられているものと，まだ処分されていないものに区別できる。

2. 稼取資本の内訳

　（1）処分済利益

　　　① 利益準備金……商法による強制的積立額
　　　② 任意積立金……株主総会の決議による積立額

　（2）未処分利益

　　　当期に属する株主総会で，これから処分されるもの。

ヒント78

1. 資本の欠損とは（商法）

　　貸借対照表の純資産額が，資本金，資本準備金及び利益準備金の合計額に満たない状態をいう。

2. 補塡の順序

　（1）欠損塡補積立金
　（2）別途積立金
　（3）上記（1），（2）以外の任意積立金
　（4）利益準備金
　（5）資本準備金